Vous trouverez dans la pochette ci-contre :

- la carte officielle du métro de New York ;
- une carte de Manhattan (les lettres figurant sur les points d'intérêt renvoient aux cartes associées dans le guide, cf. page 86) ;
- deux planches de gommettes autocollantes permettant d'ajouter vos propres points d'intérêt sur les cartes.

Cette pochette peut aussi accueillir vos tickets de métro, vouchers, etc.

Alex les bons plans

GO NEW YORK

VOYAGE
EN FRANÇAIS

Ce guide de voyage appartient à…

This travel guide belongs to…

NOM
NAME

VOYAGE **du** **au**
TRIP *from* *to*

Adresse à New York - *Address in NYC*

Adresse du domicile - *Home address*

Téléphone
Phone

E-mail

Passeport
Passport

ESTA

Édito

En créant le blog **Bons Plans Voyage New York**, en octobre 2008, j'ai créé sans le savoir les conditions de vie d'une communauté de voyageurs passionnés, des voyageurs qui ont tous en commun d'être tombés sous le charme de New York ou caressent l'espoir d'y aller un jour !
C'est à ces voyageurs, ces "French Yorkers", comme j'aime à les appeler, que je dois aujourd'hui le succès de mon blog, et c'est tout naturellement pour eux, et ceux qui suivront, que l'idée m'est venue de concevoir le guide de voyage ***GO NEW YORK*** !
Un guide 100 % pratique, tout à la fois guide et *organizer* de voyage !
Un guide personnalisable, qui donne des informations mais accepte aussi d'en recevoir, parce que vous avez tous, un jour ou l'autre, eu besoin d'annoter votre guide, d'ajouter des adresses, ici ou là, des points sur une carte…

Pourquoi devriez-vous continuer de le faire à la marge ? Il était temps qu'un guide vous place aux commandes de VOTRE voyage et se tienne au rôle qui doit être le sien, c'est-à-dire celui de copilote.
Un guide connecté, enfin, grâce aux codes à flasher et aux liens courts qui permettent d'accéder à des contenus en ligne (compléments d'information, articles, portails de réservation…) et facilitent la préparation au voyage.

Une quatrième édition entièrement mise à jour !
Cette nouvelle édition de *GO NEW YORK* est la première à paraitre depuis l'interdiction de voyage aux États-Unis qui a duré plus de 18 mois en raison de la crise sanitaire. Une crise aux répercussions sans précédent sur le tourisme local, entrainant la fermeture de nombreuses enseignes, quand d'autres ont été contraintes de réduire leur voilure pour espérer survivre dans un contexte économique aussi austère qu'incertain…
Mais New York a fait mieux que résister. Elle a une nouvelle fois montré sa résilience, sa capacité à se renouveler et à se réinventer, pour finalement préparer le jour d'après !
Le surprenant parc artificiel de Little Island, le sublime observatoire du Summit One Vanderbilt ou encore le plus grand magasin Harry Potter du monde, sont quelques-unes des pépites qui ont vu le jour pendant le *travel ban* et montrent à quel point la Grosse Pomme n'a rien perdu de sa force d'attraction.
Cette quatrième édition tient compte de toutes ces nouveautés, bien sûr, mais elle comporte également un grand nombre de mises à jour (infos pratiques, points d'intérêt…), ainsi que de nouveaux bons plans et adresses pour continuer de vous proposer la meilleure expérience possible de New York !

Alex les bons plans

Éditeur :
Voyage en français
35 rue Ausone, 33000 Bordeaux
www.voyage-en-francais.fr
contact@voyage-en-francais.fr

Auteur : Alexandre Vendé
Rédacteurs : Alexandre Vendé, David Sahli
Graphiste : Thomas Cassaigne
Photographes : Alexandre Vendé, David Sahli

Achevé d'imprimer en octobre 2022 par JJ Production.
Ce livre est imprimé avec des encres végétales sur du papier issu de forêts gérées durablement.

ISBN : 978-2-9581558-0-3
Dépôt légal : octobre 2022

nouvelle orthographe

Retrouvez-moi sur
bpvny.com

et les réseaux sociaux suivants :

facebook.com/**bpvny**
instagram.com/**bpvny**
twitter.com/**bpvny**
youtube.com/**bpvny**

Sommaire

Remerciements :

Merci à toute ma petite famille, notamment Céline et Marius qui sont très patients et conciliants, me permettent de mener à bien tous mes projets et surtout m'apportent énormément d'amour.
Merci à David (mon Poupy) pour l'extrême qualité de son travail avec moi depuis 2013, ainsi que pour son dévouement et son investissement.
Merci à Marlène pour sa fougue, sa générosité, et l'énergie qu'elle investit chaque jour dans la promotion du guide, du blog et tout ce qui touche à Voyage en français. Un régal !
Merci à toute l'équipe qui bosse sur le blog BPVNY : Mika, Steph, Cédric, Caro et Memo.
Merci à la team de l'ombre à Bordeaux qui est toujours présente, pleine d'idées et d'envie : Baptiste, Lisa et Marina.
Merci à Titom pour son très bon travail depuis la 1e édition du guide.
Merci à Johnny de New York en français pour ses deux très jolis portraits (cf. l'édito et p. 45 du guide), mais aussi toutes les autres photos de moi qu'il a faites.
Merci à la super équipe de New York en français : Audrey, Aymeric, Cyrielle, Elsa, Frédéric, Guillaume, Johnny, Marc, Marie.
Merci au duo de choc d'OCabanon : Armel et Alexandre.
Merci à tous les partenaires qui m'ont fait confiance pour cette nouvelle édition du guide et me soutiennent toute l'année !
Merci à tous les French Yorkers qui rendent cette aventure possible et continuent, par leurs encouragements, à me donner envie d'en faire toujours plus !

Présentation du guide

Véritable OVNI dans le paysage éditorial actuel, *GO NEW YORK* vous propose une nouvelle expérience du guide de voyage !

Un guide 100 % pratique

GO NEW YORK, c'est une mine d'informations pratiques pour vous aider à préparer votre voyage à New York : démarches administratives, calcul du budget, transports, règlementations… mais aussi de nombreux tableaux et outils de conversion à utiliser une fois sur place !
Vous avez en outre la possibilité de ranger vos vouchers, cartes de métro, etc. dans la pochette qui se trouve au début du guide.

Des cartes à explorer et à personnaliser

GO NEW YORK vous permet d'ajouter vos propres points d'intérêt sur les cartes grâce à un système de gommettes à coller.

Un guide connecté

Flashez les QR Codes avec votre smartphone ou utilisez les liens courts pour accéder à des contenus en ligne (articles, compléments d'information, portails de réservation…) qui faciliteront la préparation de votre voyage.

go-ny.fr/ **blog**

Un guide pour toute la famille

Fort de ses nombreux séjours à New York, de son expérience de père de famille et d'ancien directeur de colonies de vacances, Alex prodigue de précieux conseils à ceux qui prévoient de voyager avec leurs bébés, enfants, ados… mais aussi à ceux qui ne parlent pas anglais.

Des outils d'aide à la création de planning

Inspirez-vous des modèles conçus par Alex et notez votre planning à même le guide ou utilisez l'éditeur en ligne **go-ny.fr/plan** pour le créer, l'imprimer et le coller à l'endroit prévu dans le guide.

Des points d'intérêt testés et approuvés par Alex

Pour chacune des 12 cartes que contient le guide, retrouvez pas moins de 35 points d'intérêt triés sur le volet par Alex les bons plans : musées, monuments, restos, bars, pâtisseries, shopping, loisirs… rien ne manque ! Classique ou insolite, tendance ou confidentiel, chaque point a fait l'objet d'une évaluation sur le terrain.

Des suggestions de balades

Alex vous propose des itinéraires originaux dans chacun des cinq *boroughs* de New York.

Un guide mais aussi un véritable carnet de voyage

GO NEW YORK n'oublie pas de vous laisser des espaces pour annoter librement votre guide, le compléter, l'enrichir, et rapporter le déroulement de votre voyage à la manière d'un journal de bord.

Un guide communautaire, participatif et évolutif

Parce qu'en matière de voyage rien ne compte davantage que les retours d'expérience, n'hésitez pas à nous faire part de vos idées et à partager vos propres bons plans, lesquels pourront faire l'objet d'un article sur le blog **bpvny.com** ou figurer dans une prochaine édition du guide.

Un guide éco-responsable

Imprimé avec des encres végétales sur du papier issu de forêts gérées durablement.

INFOGRAPHIE

NEW YORK EN 9 CHIFFRES

POPULATION

8,6 millions d'habitants

48 % hommes — **52 %** femmes

Âge médian : **35,8 ans**

Dans Manhattan, la densité atteint **28 154 hab./km²**
(20 934 hab./km² à Paris)

1 naissance toutes les **4,4 minutes**

37 % des New-Yorkais sont **nés à l'étranger**

RÉPARTITION

- 43 % de blancs
- 25 % de noirs / afro-américains
- 14 % d'asiatiques
- 3 % de métis
- 15 % autres

SUPERFICIE

1 214 km²

soit près de **12 fois Paris !**

Le *borough* de **Brooklyn** représenterait à lui seul la 4e plus grande ville des USA, à égalité avec Queens !

RELIGION

56 % de chrétiens

30% de catholiques + 26% de protestants

- 7% de juifs
- 3% de musulmans
- 9% d'autres confessions
- 25% sans affiliation religieuse

LANGUES

47,5 %

C'est **le taux de New-Yorkais qui parlent une autre langue que l'anglais à la maison.**

- **23,9%** parlent **espagnol**
- **7,9%** parlent une **langue asiatique**
- 15,7% parlent une autre langue

LOGEMENT

$2 550/mois

C'est le **loyer moyen** pour un **studio** dans **Manhattan !**

Pour le même prix, il est possible de loger dans un **T3** à **Brooklyn** ou **Queens**, voire un **T4** dans **le Bronx**. Mais il faudra débourser près de **$5000** par mois pour le même **T4** à **Manhattan**.

ARCHITECTURE

308

C'est le nombre de buildings qui mesurent **plus de 150 m** à New York (record national).

18 d'entre eux feront bientôt **plus de 300 m !**

L'**Empire State Building**, qui a longtemps été le plus haut gratte-ciel de la ville, ne sera bientôt plus que le 7e du classement. Il a été dépassé en 2014 par le **One World Trade Center** (541 m), lequel est devenu le plus haut gratte-ciel du pays !

MÉTRO

472 stations

de métro sont réparties sur **1070 km** de voies commerciales, pour environ **4,8 M** de voyageurs par jour.

Les New-Yorkais passent en moyenne 40 minutes dans les transports pour se rendre au travail.

TOURISME

62,8 millions

de visiteurs en 2017 (record historique). **49,7 M** de visiteurs nationaux + **13,1 M** de visiteurs internationaux dont **767 000 Français**, ce qui, en termes de fréquentation, place la France au 5e rang des pays émetteurs.

ÉCONOMIE

$88 437

C'est **le revenu annuel moyen d'un foyer new-yorkais**, tandis que le **revenu médian** est de **$55 191**, ce qui dénote des disparités importantes. 1 % des New-Yorkais les plus riches totalisent 36 % des revenus !

Données de 2017

Les 10 commandements

Un voyage à New York, cela ne s'improvise pas!

Je conçois qu'il puisse être agréable de visiter une ville au petit bonheur la chance, sans jamais savoir exactement où l'on va ni pourquoi l'on y va, mais New York n'est clairement pas la destination la plus propice à ce genre de tourisme : son immensité, son exubérance et la richesse de ses attractions commandent de ne pas laisser trop de place à l'improvisation.
À trop miser sur le hasard ou l'humeur du moment, le risque existe de voir certaines opportunités vous échapper, de passer de longues heures dans les files d'attente ou de payer trois fois plus cher que de raison…
Tandis qu'avec un minimum de préparation, non seulement vous ferez des économies mais vous aurez aussi la garantie de voyager sans stress, en maximisant votre temps, votre plaisir et le plaisir de celles et ceux qui vous accompagnent.
Vous l'aurez compris, pour prendre le départ du bon pied, il convient de préparer un minimum son voyage.
Cela vous coutera quelques heures, mais je peux vous assurer que New York vous les rendra bien!

1. TU RÉSERVERAS TES BILLETS D'AVION EN PREMIER

go-ny.fr/
avion

Les billets d'avion, c'est une part importante du budget alloué au voyage.
Dans certains cas, le prix des billets peut motiver ou influencer jusqu'au choix des dates du voyage lui-même. En effet, selon les périodes de l'année, il est courant d'observer que les tarifs pratiqués par une même compagnie peuvent varier du simple au triple!
Dans ces conditions, il est normal, pour ne pas dire essentiel, de s'y intéresser très tôt.

Où réserver ?

Vous pouvez vous rendre dans une agence de voyage ou réserver vos billets sur Internet. Il existe plusieurs moteurs de recherche spécialisés dans la recherche de billets d'avion ; ces "comparateurs de prix" permettent d'effectuer une requête simultanée auprès des principaux opérateurs aériens. Ce faisant, vous obtenez la liste de toutes les offres répondant à vos critères de recherche, offres que vous pouvez trier à votre convenance (par prix, compagnie, durée de vol, etc.) afin de les comparer plus facilement. Attention aux frais cachés (notamment les frais d'émission, aussi appelés frais de réservation ou frais de dossier), le prix affiché initialement est rarement celui annoncé au moment de payer. Soyez vigilants !
J'utilise moi-même un excellent moteur de recherche que vous trouverez sur mon blog à l'adresse suivante : **go-ny.fr/moteur**

Quand réserver ?

Lorsque vous aurez trouvé des billets à un tarif qui vous convient (à chacun de fixer le curseur), je vous conseille de ne pas attendre le dernier moment pour les acheter en espérant une baisse de prix, mais au contraire de réserver vos billets le plus tôt possible, surtout si vous partez en saison haute (vacances scolaires). En effet, à trop attendre, vous pourriez avoir de mauvaises surprises, assister non pas à une baisse mais à une flambée des prix comme cela se produit parfois (selon le marché, le taux de remplissage des avions, etc.), ce qui dans certains cas pourrait même compromettre votre voyage.
Évidemment, il peut arriver que l'inverse se produise, et dans ce cas, forcément, vous regretterez de ne pas avoir attendu… mais comment savoir ? Et, surtout, gardez à l'esprit que vous aurez acheté des billets à un prix que vous estimiez déjà raisonnable. On peut donc voir cette situation comme "moins mauvaise" étant donné qu'elle ne mettra pas en péril votre budget ni ne remettra en cause votre voyage!

Le juste prix ?

Dans l'absolu, il s'agit du prix que chacun estime "normal" de payer, selon ses motivations, ses principes, ses moyens, etc. D'expérience, je peux toutefois vous dire que pour un billet A/R en classe éco et en partance de France métropolitaine, il n'est pas déraisonnable de payer jusqu'à 650 €. Quant aux tarifs les plus doux, mais aussi les plus rares (et souvent en saison basse), ils se situent généralement autour de 350 €.

go-ny.fr/
logement

2. TU CHOISIRAS UN LOGEMENT EN FONCTION DE TES ENVIES ET DE TON BUDGET

La question du logement vient immédiatement après celle des billets d'avion car elle a aussi une grande importance dans le calcul du budget global du voyage.
À noter que, dans le cas des offres de type vol + hôtel, le choix du logement est directement lié à celui des billets d'avion, l'intérêt de ces offres résidant en général dans les économies réalisées par rapport au fait de réserver les mêmes prestations séparément…

Quel type de logement choisir ?

Cela dépend de votre budget mais aussi de la nature de votre voyage : les possibilités de logement sont différentes selon le budget que vous êtes prêt à y consacrer, mais aussi selon que vous voyagez seul, en couple ou en groupe (4 personnes et plus).

Pour commencer, passons en revue les principaux types de logement, leurs avantages et inconvénients :

L'auberge de jeunesse

- Économique
- Favorise le lien social (esprit communautaire)
- Activités et bons plans proposés chaque jour

- Peu d'intimité (chambrées, sanitaires communs…)
- Confort limité au strict minimum
- Souvent bruyant

L'auberge de jeunesse est une très bonne solution de logement pour les jeunes (18-25 ans) voyageant en groupe et/ou ayant un budget serré. Il faut l'envisager comme un moyen de passer la nuit et non comme un endroit où l'on se repose vraiment. Peut convenir à des personnes plus âgées, sous réserve que le manque d'intimité et les conditions de vie évoquées plus haut ne les dérangent pas.

L'hôtel

- Confortable et reposant
- Services compris et/ou proposés (ménage, blanchisserie, petit déjeuner, salle de sport…)

- Cher à Manhattan
- Chambres premier prix souvent exigües
- Ne facilite pas la convivialité (voyage en groupe)

L'hôtel est un excellent choix si vous êtes seul ou en couple. Il est particulièrement agréable de retrouver sa chambre après une journée de marche intensive dans New York ! À noter que si vous êtes 4, vous pouvez réserver une chambre avec deux lits doubles pour le prix d'une chambre double classique. La principale difficulté est finalement de dénicher l'hôtel présentant le meilleur rapport qualité-prix en fonction de son emplacement. Pour vous y aider, utilisez la liste des hôtels que je recommande : **go-ny.fr/hotels**

L'appartement

- Sentiment d'indépendance
- Cuisine (pratique et sans obligation !)
- Convivial (voyage en groupe)

- Cher lorsqu'on voyage seul ou en couple
- Peu ou pas de services associés
- Attention aux arnaques !

Louer un appartement est souvent la meilleure option lorsqu'on voyage en famille ou entre amis. Outre le fait de pouvoir cuisiner et donc de limiter les frais de restauration, la pièce à vivre facilite les moments d'échange et de partage. On peut y passer de bonnes (fins de) soirées, contrairement à l'hôtel. Il faut toutefois se montrer vigilant car certaines annonces sont trompeuses et/ou se moquent des lois en vigueur.
Lisez bien les commentaires et utilisez des sites reconnus. Pour plus d'infos : **go-ny.fr/location**

L'appart-hôtel est aussi une option intéressante, car elle combine les avantages de l'appart et de l'hôtel. L'offre s'est largement répandue ces dernières années dans le monde, et New York ne fait pas exception.

La chambre d'hôte

- Économique (la plupart du temps)
- Sentiment d'immersion (permet de découvrir le mode de vie des habitants, d'échanger…)

- Peu d'offres lorsqu'on est plus de 2
- Intimité relative (les propriétaires vivant sous le même toit)

Loger chez l'habitant est l'une des solutions les moins chères et sans doute la plus authentique du fait qu'elle favorise l'immersion dans la vie des New-Yorkais. Ce mode d'hébergement permet en effet de découvrir les us et coutumes locaux, sachant que les hôtes ne sont en général pas avares d'astuces et de conseils pour vous aider à découvrir la ville. La barrière de la langue peut être un frein mais, à en croire certains retours d'expérience, ce n'est pas un point rédhibitoire. En revanche, ce type de logement ne conviendra pas forcément aux plus fêtards !

Dans quel quartier loger ?

On me demande souvent quel est le meilleur quartier pour loger à New York. Je pourrais vous dire quels sont mes quartiers préférés, à titre personnel, mais dans l'absolu il n'y a pas de "meilleur quartier" : cela dépend vraiment de vos envies et de votre budget (les deux n'étant pas toujours compatibles !).
Préférez-vous loger dans un quartier touristique et animé ? un quartier excentré et calme ? un quartier jeune et branché ? un quartier avec une identité locale forte ? un quartier où les prix sont bon marché ?
Car chaque quartier a ses avantages et ses inconvénients, et c'est bien là le problème : vous allez devoir faire des choix ! Pour vous y aider, voici un tableau des différents quartiers de New York, évalués selon 7 critères :

Quartier	Tourisme	Shopping	Sorties	Tranquillité	Vie locale	Logement	Tarifs
Financial District	★★★★★	★★☆☆☆	★☆☆☆☆	★★★☆☆	★★☆☆☆	★★★★☆	★★★☆☆
TriBeCa	★★☆☆☆	★☆☆☆☆	★★★☆☆	★★★★☆	★★★★☆	★★☆☆☆	★★☆☆☆
Chinatown	★★☆☆☆	★★☆☆☆	★★☆☆☆	★★★☆☆	★★★★★	★★☆☆☆	★★★☆☆
SoHo	★★★★★	★★★★★	★★★★★	★★★☆☆	★★★★☆	★★☆☆☆	★☆☆☆☆
Lower East Side (LES)	★★☆☆☆	★★☆☆☆	★★★★★	★★★★☆	★★★★★	★★☆☆☆	★★★☆☆
Greenwich Village	★★★★★	★★☆☆☆	★★★★★	★★★★★	★★★★★	★☆☆☆☆	★☆☆☆☆
East Village	★★☆☆☆	★★☆☆☆	★★★★★	★★★★☆	★★★★★	★★★☆☆	★★★☆☆
Chelsea	★★★★★	★★★☆☆	★★★★★	★★★☆☆	★★★☆☆	★★★★★	★★☆☆☆
Hell's Kitchen	★★☆☆☆	★☆☆☆☆	★★★☆☆	★★★☆☆	★★★★☆	★★☆☆☆	★★☆☆☆
Midtown	★★★★★	★★★★★	★★★★★	★★☆☆☆	★☆☆☆☆	★★★★★	★☆☆☆☆
Times Square	★★★★★	★★★★★	★★★★★	★☆☆☆☆	★☆☆☆☆	★★★★★	★★☆☆☆
Upper West Side	★★☆☆☆	★☆☆☆☆	★★☆☆☆	★★★★★	★★★★★	★★☆☆☆	★★☆☆☆
Upper East Side	★★☆☆☆	★☆☆☆☆	★★☆☆☆	★★★★★	★★★★★	★☆☆☆☆	★★☆☆☆
Harlem	★★☆☆☆	★★★☆☆	★★★☆☆	★★★★☆	★★★★★	★★★☆☆	★★★★☆
Washington Heights	★☆☆☆☆	★☆☆☆☆	★☆☆☆☆	★★★★★	★★★★★	★★☆☆☆	★★★★★
Brooklyn - Williamsburg	★★★★☆	★★★☆☆	★★★★★	★★★★☆	★★★★★	★★★★☆	★★☆☆☆
Brooklyn - Bushwick	★★★★☆	★★★☆☆	★★★☆☆	★★★★★	★★★★★	★★☆☆☆	★★★★☆
Brooklyn - Bed Stuy	★☆☆☆☆	★☆☆☆☆	★☆☆☆☆	★★★★★	★★★★★	★★★★☆	★★★★★
Ailleurs à Brooklyn	★☆☆☆☆	★☆☆☆☆	★☆☆☆☆	★★★★★	★★★★★	★★★★★	★★★★★
Queens - LIC & Astoria	★★☆☆☆	★☆☆☆☆	★★★☆☆	★★★★★	★★★★★	★★★★★	★★★★★
Ailleurs dans Queens	★☆☆☆☆	★☆☆☆☆	★☆☆☆☆	★★★★★	★★★★★	★★☆☆☆	★★★★★
Staten Island	★☆☆☆☆	★☆☆☆☆	★☆☆☆☆	★★★★★	★★★★★	★☆☆☆☆	★★★★★
The Bronx	★★★☆☆	★☆☆☆☆	★☆☆☆☆	★★★★★	★★★★★	★☆☆☆☆	★★★★★
New Jersey	★★★☆☆	★★☆☆☆	★★★☆☆	★★★★★	★★★★★	★★★★☆	★★★★★

Consultez la carte interactive des quartiers à l'adresse suivante : go-ny.fr/quartiers

Légende

Cette évaluation est basée sur ma propre expérience de New York, fort des nombreux voyages que j'y effectue, et sur les innombrables retours d'expérience partagés par les French Yorkers sur mon blog et le forum de discussion associé.

Tourisme :

Le quartier est-il touristique ? Y a-t-il des choses à voir et à visiter : musées, attractions, parcs… ?

Très peu touristique ★☆☆☆☆
Très touristique ★★★★★

Shopping :

Le quartier est-il propice au shopping ? Marchés, grandes enseignes, boutiques…

Très peu de magasins ★☆☆☆☆
Beaucoup de magasins ★★★★★

Sorties :

Le quartier compte-t-il des bars, restaurants, night-clubs, cinémas, bowlings… ?

Très peu de sorties possibles ★☆☆☆☆
Nombreux lieux pour sortir/se divertir ★★★★★

Tranquillité :

Le quartier est-il globalement calme ? Je dis "globalement" car il y a forcément des rues très passantes et bruyantes dans chaque quartier.

Très bruyant ★☆☆☆☆
Très calme ★★★★★

Vie locale :

Le quartier est-il résidentiel (habité par des New-Yorkais), ou bien est-ce un quartier d'affaires et/ou de tourisme ?

Très peu de locaux ★☆☆☆☆
Beaucoup de locaux ★★★★★

Logement :

Le quartier compte-t-il beaucoup de logements, hôtels ou appartements à louer ?

Très peu de logements ★☆☆☆☆
Nombreux logements ★★★★★

Tarifs :

Les tarifs pratiqués pour le logement sont-ils intéressants ?

Très cher ★☆☆☆☆
Bon marché ★★★★★

Faut-il choisir un logement différent selon qu'on se rend à New York pour la première fois ou non ?

Pour un premier séjour à New York, je serais tenté de dire que le quartier de Midtown South, autour de 34th Street, est tout désigné (pour peu que le budget suive, évidemment). En revanche, s'il ne s'agit pas de votre premier séjour dans la Grosse Pomme, vous chercherez peut-être un quartier plus authentique et tranquille, qui n'est pas envahi par des hordes de touristes, et où vous serez plus à même d'apprécier la vie locale. Cela dit, il n'y a pas de règle, tout dépend de vos envies et de votre façon d'appréhender le voyage. Certains aiment être au centre de tout, et retourner toujours au même endroit, cela les rassure, ils y ont leurs habitudes… d'autres préfèrent varier les plaisirs et multiplier les expériences.

Trouve-t-on des logements pas chers à New York ?

Je préfère être franc : s'il est facile de manger à moindres frais à New York, il est tout sauf évident de trouver un logement bon marché sans faire quelques concessions (confort, prestations, éloignement…). Au moment de faire un choix, le budget entre en ligne de compte, c'est inévitable, et nous cherchons tous la perle rare, c'est-à-dire un bon plan pas cher dans le quartier qui nous fait les yeux doux !
Il y a une règle générale : plus un logement est éloigné du centre et moins il a d'étoiles (s'il s'agit d'un hôtel), plus son tarif est intéressant.

Ainsi, à prestations égales, un logement dans Harlem, Brooklyn, Queens ou le New Jersey sera toujours moins cher qu'un logement à Manhattan.
Donc, encore une fois, à vous de voir les concessions que vous êtes prêt à faire : si vous privilégiez le confort et la proximité et que votre budget vous le permet, optez pour un logement dans le centre ; si votre budget est limité et que l'idée de faire quelques dizaines de minutes de transport pour rejoindre le centre ne vous fait pas peur, cherchez un logement en périphérie (Brooklyn, Queens, etc.). Bien sûr, entre ces deux extrêmes, il existe toutes sortes de logements plus ou moins bon marché, à vous d'ajuster le curseur pour trouver le meilleur compromis.
Pour vous faire une idée plus précise du budget à prévoir pour le logement, lisez le 9e commandement p. 16.

3. TU FERAS UN PLANNING POUR OPTIMISER TON SÉJOUR

go-ny.fr/
planning

Faut-il faire un planning ou décider au jour le jour, selon l'envie et l'humeur du moment ? Voilà une question qui divise. D'aucuns pensent qu'il est important de tout prévoir, de ne rien laisser au hasard ; d'autres pensent que c'est contraire à l'esprit même des vacances, lesquelles devraient nous libérer de toute forme de contrainte et rimer avec détente, pour ne pas dire farniente. Peut-être ne faut-il pas chercher à trancher de façon aussi catégorique…

Pourquoi faut-il faire un planning ?

Soyons clairs, si vous allez à New York uniquement pour vous dorer la pilule et lire le dernier Marc Levy, vous vous trompez de destination. Un ilot aux Seychelles serait plus indiqué !
New York recèle des trésors de culture et de divertissement qui ne demandent qu'à être découverts.
Vous n'aurez pas assez d'une semaine (ni même de deux) pour tout faire et tout voir, vous risquez donc de passer à côté de l'essentiel si vous ne prenez pas le temps de planifier un minimum votre voyage.
Cela ne veut pas dire qu'il faut tout programmer de A à Z, je vous encourage même à vous laisser des marges de manœuvre : des blancs que chacun remplira à sa guise une fois sur place (si vous voyagez en groupe), ou encore des activités interchangeables en fonction du temps et du degré de motivation des uns et des autres (par exemple, prévoir de remplacer la visite de Central Park par celle d'un musée en cas de pluie…).
En tout état de cause, le fait de prévoir et d'organiser un tant soit peu vos activités vous permettra de gagner du temps une fois à New York, et de ne pas oublier une attraction ou une visite que vous teniez à faire.

Vous passerez sans doute le plus clair de votre temps à arpenter les rues, les musées et à profiter des innombrables attractions de la ville, sachant que cette dernière aura forcément un effet euphorisant qui vous donnera envie d'en voir et d'en faire toujours plus. Aussi, le soir venu, il me surprendrait que vous résistiez longtemps aux bras de Morphée !
Mais si New York a un côté speed et parfois éreintant, il n'est pas interdit de s'y reposer, en bouquinant à l'ombre d'un arbre dans un des nombreux parcs de la ville, en sirotant un cocktail sur le transat d'un bar *rooftop*, ou encore en bronzant sur la plage éphémère d'un *pier* spécialement aménagé pour l'été !

Vous l'aurez compris, à la question de savoir s'il faut faire un planning, je vous réponds "oui", c'est impératif. Ensuite, à chacun de trouver les bons compromis pour que le planning soit au service des vacances et non l'inverse (en alternant notamment les journées très actives avec des journées qui le sont moins), car il est bien évident que le but du planning est avant tout pratique, il n'est jamais qu'un support, une aide au voyage, et doit pouvoir s'adapter en fonction des circonstances, des envies et des motivations de chacun.

Comment créer son planning ?

J'ai conçu une série de plannings-types pour vous aider à planifier votre voyage, selon que vous projetez de passer 1, 3 ou 7 jours à New York.
Vous êtes libre d'utiliser ces plannings en l'état ou de vous en inspirer pour créer votre propre agenda : rendez-vous p. 65 (et suivantes) pour découvrir ces plannings-types et commencer le vôtre dans l'espace prévu à cet effet !

À toutes fins utiles, les plannings-types sont aussi téléchargeables aux adresses suivantes :

go-ny.fr/**planning-1** (1 jour) ; go-ny.fr/**planning-3** (3 jours) ; go-ny.fr/**planning-7** (7 jours)

4. TU FERAS UN MAXIMUM DE RÉSERVATIONS AVANT DE PARTIR

go-ny.fr/
reservations

Une fois que votre planning est prêt, pensez aux réservations. Plus vous réserverez de services et d'activités en amont, moins vous aurez de stress et perdrez de temps une fois sur place (des files d'attente rapides, appelées *fast tracks*, sont souvent réservées aux porteurs de pass et autres vouchers...). Sans compter que vous ferez aussi des économies : Internet permet en effet de profiter de réductions et d'offres exclusives.

Vous trouverez la liste des réservations à faire avant de partir à New York p. 52.

5. TU CHERCHERAS DES BONS PLANS SUR LE BLOG BPVNY

go-ny.fr/
blog

Ce guide a été conçu pour se suffire à lui-même, mais il n'a pas vocation à remplacer le blog dont il est issu. Inversement, si les statistiques montrent que les gens ont de plus en plus souvent recours à des sources en ligne pour préparer leur voyage, beaucoup d'entre eux (comme moi) restent attachés au format papier car il est concret, pratique, fonctionne sans connexion et ne tombe jamais en panne !

Du fait de leur nature respective, **le guide papier et le blog sont ainsi faits pour s'entendre !**

Pourquoi chercher des bons plans sur le blog BPVNY ?
L'une des forces du blog (et des sources dématérialisées en général) est de pouvoir proposer un contenu actualisé, sans limite d'espace et de temps, de sorte que vous êtes assuré de toujours y trouver les informations les plus pertinentes et les plus en adéquation avec vos recherches, au moment précis où vous en avez besoin.
Je vous invite à surfer sur mon blog car vous y trouverez forcément des adresses et des bons plans qui ne figurent pas dans le guide papier, et, comme ce dernier a été conçu dans un esprit de complémentarité et de personnalisation, vous pourrez facilement les y ajouter !
C'est, vous l'aurez compris, l'une des raisons pour lesquelles le guide lui-même renvoie régulièrement vers des pages du blog. Cela permet d'enrichir l'information qu'il délivre et de la mettre à jour, le cas échéant.
En poussant un peu cette logique, on pourrait même voir dans ce système de gestion de l'information un moyen de lutter contre l'obsolescence programmée des guides papier...

6. TU TÉLÉCHARGERAS L'APPLICATION BPVNY

go-ny.fr/
appli

Pourquoi télécharger une application lorsqu'on a déjà un guide papier ?

La question se pose, naturellement, et je vous rassure tout de suite : rien ne vous y oblige. Si je vous conseille néanmoins de télécharger mon application, c'est qu'elle a un avantage propre aux technologies numériques : la géolocalisation en temps réel !

Grâce à l'application Bons Plans Voyage New York, vous saurez en permanence où vous êtes, et ce, sans connexion Internet ! En effet, l'application utilise la fonction GPS de votre smartphone qui est gratuite et préserve donc votre forfait téléphonique (dont le cout peut vite exploser à l'étranger !).
Il est bien évidemment possible de se localiser à l'aide des cartes du guide, mais la géolocalisation sur smartphone est à la fois plus rapide et plus précise (notamment grâce à la possibilité de zoomer sur la carte).
Autres avantages pratiques : selon les circonstances, vous pourrez tantôt utiliser l'un, tantôt utiliser l'autre, et si vous voyagez en groupe, vous pourrez vous séparer sans craindre d'être privé de guide.

Encore une fois, il est possible de se passer de l'appli lorsqu'on a déjà le guide, et inversement, mais il est tout aussi possible de les utiliser conjointement, pour un maximum de confort.
Les versions iOS (iPhone, iPad) et Android sont téléchargeables aux adresses suivantes :

go-ny.fr/**ios** ; go-ny.fr/**android**

7. TU UTILISERAS LE FORUM DE DISCUSSION BPVNY

go-ny.fr/
forum

Lorsqu'on prépare un voyage à New York, la meilleure façon de se rassurer vis-à-vis de telle ou telle question consiste bien souvent à lire ou solliciter l'avis des autres voyageurs!

Pour ce faire, il y a ceux qui surfent sur des dizaines de sites différents en cherchant désespérément les réponses à leurs questions… et il y a ceux qui consultent le forum de discussion BPVNY!

J'ai toujours envisagé le forum comme l'extension naturelle de mon blog : un espace qui permet de répondre aux besoins d'échange et de partage exprimés par les internautes, que ce soit au moment de préparer leur voyage, ou à leur retour, pour rendre compte de leurs expériences.
Même si les réseaux sociaux ont créé de nouvelles formes de communication, force est de constater que le forum BPVNY, qui repose sur des codes assez traditionnels (mais non moins efficaces), ne cesse de se développer et d'accueillir de nouveaux membres venus des quatre coins de la francophonie.
Cela fait par ailleurs longtemps que je ne suis plus en mesure de gérer seul le forum, et que plusieurs membres de mon équipe se sont investis dans l'animation et la modération de ce dernier. Ainsi, Caro, Mika, Steph et Cédric mettent-ils un point d'honneur à répondre à chaque demande. Sans parler des French Yorkers eux-mêmes, dont certains sont devenus de vrais spécialistes de la ville, qui sont toujours prompts à rendre service et à partager leurs bons plans dans une ambiance chaleureuse et conviviale, pour ne pas dire familiale!

8. TU VÉRIFIERAS TES VALISES AVANT DE PARTIR

go-ny.fr/
checklist

Au risque de dire une évidence, je vous conseille de bien vérifier vos valises avant de partir. Il n'y a rien de plus désagréable que d'arriver à bon port et de se rendre compte qu'on a oublié quelque chose d'essentiel!
Et pour être sûr de ne rien oublier, rien ne vaut la fameuse liste de vérification ou *check-list* : je vous invite à utiliser celle de votre guide qui se trouve p. 63.

9. TU FERAS UN BUDGET PRÉVISIONNEL

go-ny.fr/
budget

Une des conditions pour passer de bonnes vacances à New York est de ne pas exploser le budget qu'on s'est fixé au départ! Mais calculer le budget prévisionnel d'un voyage à New York n'est pas une mince affaire. De nombreuses variables entrent en ligne de compte, et si l'addition finale ne correspond jamais tout à fait aux projections qu'on a faites, en pratique, le pire des calculs est encore de ne pas en faire!

Pour vous aider à établir un budget le plus réaliste possible, j'ai pris le parti de définir 3 budgets-types (serré, moyen, confortable) sur la base d'un séjour d'**une semaine à New York pour 2 personnes.**
Pour commencer, je me propose de passer en revue les principales sources de dépense et de donner, pour chacune d'entre elles, une estimation de budget (calculée selon le taux de change €/$ de mai 2022).

Le cout des billets d'avion

Budget serré	Budget moyen	Budget confortable
350 à 450 € / pers. **soit 700 à 900 €**	450 à 650 € / pers. **soit 900 à 1300 €**	650 à 1000 € / pers. **soit 1300 à 2000 €**

Ces fourchettes de prix s'appliquent à des vols aller-retour au départ de France, Belgique ou Suisse. Comme expliqué dans le 1er commandement, le prix des billets d'avion varie principalement en fonction de la période de l'année (effet de saisonnalité lié au tourisme), sachant que la période où les billets sont les moins chers s'étend généralement de janvier à mars. Il convient toutefois de rester vigilant toute l'année car les compagnies, soumises à une forte concurrence, proposent souvent des promotions!

Le cout du logement

80 à 130 € / nuit **soit 560 à 910 €**	150 à 250 € / nuit **soit 1050 à 1750 €**	300 à 500 € / nuit **soit 2100 à 3500 €**

Là encore, la période de l'année est un facteur prépondérant : un logement qui vous sera facturé 100 € par nuit en saison basse pourra vous être facturé le double, voire le triple, en saison haute.

Avec un budget serré, la solution la plus économique consiste généralement à se loger dans une auberge de jeunesse ou à louer une chambre d'hôte.

Avec un budget de 150 à 250 € par nuit, vous trouverez facilement un logement en périphérie de Manhattan (Queens, Brooklyn, New Jersey…), mais aussi dans Manhattan en saison creuse (fourchette basse) et en saison haute (fourchette haute), notamment si vous réservez plusieurs mois à l'avance.

À partir de 300 € par nuit, vous obtiendrez sans difficulté un logement confortable et idéalement situé dans Manhattan. New York offre aussi un nombre impressionnant d'hôtels de luxe disposant de tous les raffinements possibles et de nombreux services, mais la note atteint alors des sommets !

Le cout du transport

env. 45 € / pers. **soit env. 90 €**	80 à 90 € / pers. **soit 160 à 180 €**	190 à 285 € / pers. **soit 380 à 570 €**

Par "transport", j'entends ici les transferts aéroport-logement et les déplacements dans New York.

Si vous cherchez à limiter au maximum vos dépenses, prenez l'AirTrain et le métro pour rallier votre logement depuis JFK, et inversement (ou l'AirTrain et le train/PATH depuis Newark). Pour vos autres déplacements dans New York, la MetroCard illimitée sera parfaite dans sa version 7 jours.

Si vous disposez de quelques dizaines d'euros supplémentaires, réservez un taxi privé pour effectuer les transferts aéroport-logement de porte à porte. Prenez une MetroCard illimitée pour vos autres déplacements et profitez d'une course ou deux en taxi durant votre séjour (retours de soirées, par exemple).

Enfin, si vous souhaitez profiter d'un maximum de confort, réservez une limousine pour votre arrivée à New York (le transport devient alors une véritable attraction !), vous ferez le transfert retour en taxi. La MetroCard illimitée accompagnera vos autres déplacements, mais vous ne vous interdirez pas de prendre le taxi de temps en temps (5 à 10 courses dans mon estimation).

Le cout des repas

20 à 30 € / pers. / jour **soit 280 à 420 €**	35 à 55 € / pers. / jour **soit 490 à 770 €**	60 à 170 € / pers. / jour **soit 840 à 2380 €**

Mes estimations comprennent 3 repas payants par jour. Si vous avez un appartement et que vous choisissez de faire vous-même la cuisine, alors le cout se limitera à celui des courses, évidemment.

Pour réduire les frais de restauration, vous pouvez prendre votre petit déjeuner dans un Starbucks et manger le reste du temps dans des fastfoods, même si, d'un point de vue diététique, ce n'est pas idéal !

Si, au lieu de manger systématiquement dans des points de restauration rapide, vous vous accordez la possibilité d'aller au restaurant au moins une fois par jour, vous pourrez gouter à différentes spécialités qui vous changeront des hamburgers, sans forcément dépenser beaucoup plus d'argent.

Enfin, si vous décidez de vous faire plaisir en allant souvent au restaurant, vous consentez à payer plus cher mais aussi à régaler vos papilles dans une ville où toutes les spécialités culinaires sont proposées.

Budget serré | Budget moyen | Budget confortable

Le cout des attractions (visites, spectacles, concerts, matchs…)

Budget serré	Budget moyen	Budget confortable
env. 130 € / pers. **soit env. 260 €**	230 à 425 € / pers. **soit 460 à 850 €**	575 à 950 € / pers. **soit 1150 à 1900 €**

Si vous allez à New York pour la première fois, je vous conseille de prendre le New York CityPASS (un pass par personne). Il coute environ 130 € mais couvre les attractions les plus emblématiques de New York et permet de faire de substancielles économies (cf. p. 53 pour plus de détails).

Avec un budget serré, le New York CityPASS est selon moi l'option la plus profitable.

Avec un budget moyen, en plus des activités incontournables de ce pass, vous pourriez faire deux des activités suivantes : assister au match d'une franchise new-yorkaise (baseball, basketball, football américain, hockey sur glace…), voir une comédie musicale à Broadway, faire un tour en hélico !

Et si votre budget vous le permet, vous pouvez choisir de ne pas choisir et faire l'ensemble des activités : match, comédie musicale, concert, tour en hélico, tour en bus, visite guidée en français…

Pour en savoir plus sur les différentes activités possibles à New York, rendez-vous p. 53 et suivantes.

Le cout du shopping

Budget serré	Budget moyen	Budget confortable
15 à 25 € / pers. **soit 30 à 50 €**	95 à 190 € / pers. **soit 190 à 380 €**	240 à 480 € / pers. **soit 480 à 960 €**

Le shopping, c'est bien évidemment un domaine dans lequel il est possible de limiter les dépenses.

Pour autant, il est impensable d'aller à New York sans ramener au moins un ou deux *goodies* (un souvenir, une casquette, un teeshirt, un porteclé…).

Si vous souhaitez vous faire plaisir en achetant, par exemple, une paire de sneakers, un jean, deux ou trois teeshirts et un sweat, la note pourra vite monter à 150 € par personne (sachant que le prix des vêtements à New York, en particulier celui des jeans et des sneakers, est meilleur marché qu'en France).

Enfin, New York est aussi la Terre promise des *fashionistas* et autres inconditionnels de la mode. On y trouve les enseignes et les créateurs les plus tendance, mais il faut que le budget suive…

Le cout des extras

Budget serré	Budget moyen	Budget confortable
20 à 30 € / pers. **soit 40 à 60 €**	35 à 65 € / pers. **soit 70 à 130 €**	70 à 120 € / pers. **soit 140 à 240 €**

Par "extras", je veux parler des dépenses occasionnelles : consommations dans un bar, en journée ou le soir, pauses gourmandes dans une pâtisserie ou un salon de thé, glaces, jus de fruits à emporter, etc. En revanche, j'ai choisi de ne pas compter ici les dépenses liées aux formalités administratives : 86 € par personne pour le passeport et environ 20 € par personne pour l'ESTA (autorisation qui permet de voyager aux USA, cf. p. 20). En effet, il se peut que vous disposiez déjà d'un passeport et d'une autorisation ESTA en cours de validité. À défaut, vous devrez ajouter ces frais à votre budget global.

Admettons que notre couple témoin se fasse plaisir au moins une fois dans une pâtisserie ou un salon de thé, une fois dans un bar (le jour) et une fois dans un bar *rooftop* (le soir), le budget des "extras" ne devrait pas excéder 50 €.

Multiplier les occasions par 2 ou 3 et vous obtenez le niveau d'un budget moyen.

À moins que vous décidiez de vous faire plaisir tous les jours !

Il est à présent possible de calculer un prévisionnel global pour chaque catégorie de budget.
Vous retrouverez dans le tableau ci-dessous la synthèse de mes estimations sous forme de fourchettes car, vous l'aurez compris, il y a tant de variables qu'il serait vain de chercher à donner des chiffres plus précis.

Objet	**Budget serré**	**Budget moyen**	**Budget confortable**
Vol aller-retour	700 à 900 €	900 à 1300 €	1300 à 2000 €
Logement	560 à 910 €	1050 à 1750 €	2100 à 3500 €
Transport	env. 90 €	160 à 180 €	380 à 570 €
Repas	280 à 420 €	490 à 770 €	840 à 2380 €
Attractions	env. 260 €	460 à 850 €	1150 à 1900 €
Shopping	30 à 50 €	190 à 380 €	480 à 960 €
Extras	40 à 60 €	70 à 130 €	140 à 240 €
Total	**1960 à 2690 €**	**3320 à 5360 €**	**6390 à 11555 €**

Nous pouvons conclure qu'il est possible pour deux personnes de partir une semaine à New York avec moins de 2000 € de budget, à condition de trouver un vol et un logement aux tarifs les plus bas, et en minimisant les dépenses sur place.
Toutefois, pour profiter un tant soit peu des innombrables activités qui vous attendent à New York, je pense qu'il est préférable de prévoir un budget d'environ 4000 €.

Notez que je n'ai pas pris en compte dans ces estimations les formules "vol + hôtel" que proposent certains voyagistes, lesquelles permettent en général de faire des économies supplémentaires. Des hôtels incluent aussi le prix du petit déjeuner dans celui de la chambre (ce n'est pas une pratique aussi courante qu'en France, cela dit), ce qui peut s'avérer assez économique. Pensez à vérifier ce point au moment de réserver.

Pensez également, lors du calcul de votre budget, à soustraire les frais que vous auriez en restant chez vous : les repas, le transport pour aller au travail, les sorties, le chauffage de votre logement si vous partez en hiver…

Enfin, si vous choisissez de loger dans le New Jersey, sachez qu'en plus de la MetroCard, il sera surement dans votre intérêt d'acquérir le SmartLink 7- day pass (env. 34 € / pers.). Ce pass permet en effet d'emprunter le PATH (réseau qui relie le New Jersey à Manhattan) de façon illimitée pendant une semaine (cf. p. 36).

10. UNE FOIS À NEW YORK, TU PRENDRAS TON TEMPS…

Si vous allez à New York pour la première fois, vous aurez probablement à cœur de faire un maximum de choses, ce qui est très bien, naturellement, mais pensez à vous ménager quelques moments de détente, ne serait-ce que pour prendre la mesure de ce qui se passe autour de vous, et regarder les New-Yorkais vivre… Tout simplement.

New York est une ville électrisante, une ville dont l'énergie et la diversité agissent comme des accélérateurs, des exhausteurs de gout, comme si nous vivions à New York les choses plus intensément qu'ailleurs !
Vous aurez parfois l'impression de surnager dans un flux d'informations incontrôlées et vous comprendrez qu'il est presque salutaire, à certains moments, de s'assoir sur un banc pour recouvrer ses esprits, et prendre le temps de sentir "si le cœur de la ville bat en soi", comme le chante si bien Jean-Louis Aubert.

J'adore m'accorder des pauses de cette nature ; je choisis en général un endroit charnière et suffisamment passant, comme Union Square. Cela permet de prendre un peu de recul, d'observer les petites habitudes des locaux et d'apprécier encore plus le fait d'être et de se sentir à New York.

Dans le même ordre d'idées, n'hésitez pas à faire une pause (pourquoi pas un piquenique) à Central Park, le poumon vert de Manhattan, qui surprend autant par la surface qu'il occupe que par sa capacité à vous extraire instantanément des tumultes de la circulation… un véritable havre de paix et de tranquillité au cœur de la ville.
Oui, dans votre empressement à croquer la Grosse Pomme, n'oubliez pas de respirer !

Prérequis et démarches administratives

Les conditions d'entrée aux États-Unis

Le programme d'exemption de visa (Visa Waiver Program - VWP) permet aux ressortissants français d'entrer sans visa sur le territoire américain, soit en transit, soit pour un séjour touristique ou d'affaires de 90 jours maximum. Pour en profiter, vous devez disposer d'un passeport biométrique en cours de validité et obtenir une autorisation électronique de voyage (ESTA).
Si vous projetez de demeurer sur le sol américain plus de 90 jours, il vous faudra obligatoirement formuler une demande de visa auprès de l'ambassade des États-Unis à Paris. Site internet : **go-ny.fr/ambassade-us**

Pour connaitre les éventuelles obligations à respecter vis-à-vis du COVID-19 avant votre départ : **go-ny.fr/covid**

Le passeport

A. Vous n'avez pas de passeport ou la période de validité de votre passeport a expiré.

Il faut que vous fassiez une demande de passeport auprès d'une mairie équipée d'un dispositif de recueil des données biométriques (vous pouvez aller dans une mairie autre que celle dont dépend votre domicile, c'est sans importance). Je vous conseille donc d'appeler la mairie la plus proche de chez vous pour savoir si elle délivre des passeports biométriques. Elle vous communiquera en outre la liste des pièces à fournir et vous précisera s'il est nécessaire de prendre rendez-vous (certaines mairies exigent en effet que le dépôt du dossier se fasse sur rendez-vous). Dans tous les cas, faites cette demande le plus tôt possible en prévision de votre voyage car les délais de délivrance peuvent varier d'une dizaine de jours à plusieurs semaines, notamment en saison haute. Le cout d'établissement d'un passeport s'élève à 86 €. pour un adulte, 42 € pour un mineur de 15 à 17 ans, et 17 € pour les moins de 15 ans (hors départements d'outre-mer, où un tarif spécifique peut s'appliquer). Pour gagner du temps, sachez qu'il est possible de pré-remplir le dossier sur le site ants.gouv.fr

B. Vous avez un passeport en cours de validité.

Avant toute chose, assurez-vous que la période de validité de votre passeport couvre bien la durée de votre séjour aux USA (votre passeport ne doit pas expirer avant la date de votre retour !). Si tel est le cas, la seule démarche que vous ayez à faire est la demande d'autorisation électronique de voyage (cf. encart ci-dessous). Attention : si vous avez voyagé en Iran, Irak, Libye, Corée du Nord, Somalie, Soudan, Syrie ou Yémen depuis le 1er mars 2011, vous serez dans l'obligation de solliciter un visa auprès des autorités diplomatiques et consulaires américaines.

L'autorisation électronique de voyage - ESTA

Tout voyageur qui prévoit de se rendre aux États-Unis doit remplir une demande d'autorisation ESTA (Electronic System for Travel Authorization) sur le site officiel : **go-ny.fr/esta**
Cette opération est facturée $21 par l'administration américaine (fuyez les sites internet qui se proposent de faire la demande à votre place en facturant des prix fantaisistes et souvent très élevés !).
Je vous conseille de faire cette demande au moins une semaine avant votre départ.
Si vous partez en famille, vous pouvez sélectionner l'option "groupe de demandes" afin de remplir les demandes de chaque membre et payer les frais administratifs en une seule transaction. Répondez aux questions en prenant votre temps, car certaines informations ne seront plus modifiables une fois que vous aurez validé le formulaire. L'ESTA est valable 2 ans à compter de sa date d'obtention ou jusqu'à la date d'expiration de votre passeport si cette dernière intervient plus tôt.

Attention, depuis le 1er octobre 2022, l'ESTA est également requise si vous vous rendez aux États-Unis par voie terrestre (depuis le Canada ou le Mexique).

Les 4 saisons à New York

Printemps

Mars	min. **1,8°**	max. **10,3°**	**Mars**	110,7 mm
Avril	min. **7,1°**	max. **16,7°**	**Avril**	114 mm
Mai	min. **12,2°**	max. **22,0°**	**Mai**	106,4 mm

Une des particularités du climat new-yorkais, c'est le contraste entre l'été et l'hiver : les variations de température peuvent aller de -25 °C en hiver à 41 °C en été ! Les saisons intermédiaires (printemps et automne) sont donc souvent les plus agréables d'un point de vue météorologique.

Le printemps étant synonyme de floraison, vous serez probablement surpris par les nombreuses jonquilles jaunes (issues du projet Daffodil) qui s'éveillent un peu partout dans la ville et tranchent avec la minéralité des bâtiments… La jonquille est en effet devenue la fleur officielle de New York.

Été

Juin	min. **17,6°**	max. **26,7°**	**Juin**	112 mm
Juillet	min. **20,5°**	max. **29,4°**	**Juillet**	116,8 mm
Aout	min. **19,9°**	max. **28,6°**	**Aout**	112,8 mm

L'été est une période très chaude et très touristique. Je vous conseille de toujours emporter avec vous de quoi vous hydrater et vous protéger du soleil. Dans Manhattan, la verticalité des buildings vous assurera souvent un coin d'ombre, mais la fraicheur est aussi une affaire d'organisation : réservez vos matinées aux activités les plus physiques (visites pédestres, balades à vélo…) et vos après-midis à des activités paisibles (dans les parcs, les musées…) ou rafraichissantes (croisières, plage, piscine…).
Le soir venu, rien de tel que de siroter un cocktail à la terrasse d'un bar aménagé sur le toit d'un immeuble (l'un de ces fameux *rooftop bars*).

Automne

Septembre	min. **16°**	max. **24,4°**	**Septembre**	108,7 mm
Octobre	min. **10°**	max. **18,1°**	**Octobre**	111,8 mm
Novembre	min. **5,3°**	max. **12,6°**	**Novembre**	102,1 mm

C'est, avec le printemps, l'autre saison où le temps est particulièrement propice aux balades dans les rues de New York.
Les conditions météo sont excellentes, même s'il est vrai que l'hiver a parfois tendance à s'inviter au beau milieu du mois de novembre !

Pensez à regarder les prévisions météo quelques jours avant le départ et à faire vos valises en conséquence (cela vaut pour toutes les saisons).
L'automne, c'est aussi l'occasion de découvrir Central Park sous ses plus belles couleurs : des rouges flamboyants et des ocres magnifiques !

Hiver

Décembre	min. **0°**	max. **6,6°**	**Décembre**	101,6 mm
Janvier	min. **-2,8°**	max. **3,9°**	**Janvier**	92,7 mm
Février	min. **-1,7°**	max. **5,8°**	**Février**	78,5 mm

Les hivers sont particulièrement froids à New York, les épisodes neigeux y sont fréquents : emportez vos vêtements les plus chauds, sans oublier vos gants, bonnets et chaussures imperméabilisées !
Une fois que vous serez prêts à braver le froid, vous pourrez profiter d'une ambiance absolument féérique car, entre Thanksgiving et le Nouvel An, New York s'illumine de mille feux : arbres de Noël géants, vitrines animées, marchés et patinoires éphémères, musique à chaque coin de rue…
La magie des fêtes bat son plein, pour le plus grand plaisir des petits et des grands !

Pourboires : mode d'emploi

New York : esprit de service et culture du pourboire

Si, en France, le pourboire est une espèce en voie de disparition, supplanté par les additions "service compris" (tout au plus laisse-t-on encore un pourboire aux garçons de café, aux taxis ou aux coiffeurs… par respect de la tradition), il n'en va pas de même aux États-Unis, et à New York en particulier, où le pourboire représente, dans certains secteurs d'activité, la principale source de rémunération des employés !

Ceci explique aussi en partie la différence d'esprit de service qui peut exister entre une ville comme Paris, rarement citée en exemple pour la qualité de son accueil, et New York, où les employés sont toujours souriants et littéralement "aux petits soins". Il ne faut bien sûr pas faire de généralités, mais j'ai rarement entendu un French Yorker se plaindre de l'accueil qu'on avait pu lui réserver dans tel ou tel établissement new-yorkais, et je serais tenté de penser que cette culture du pourboire n'y est pas étrangère.

Les *tips*, ou *gratuities*, tels qu'on les appelle outre-Atlantique, jouent donc un rôle très important et il est inconvenant, pour ne pas dire très mal vu, de ne pas en laisser.

Encore faut-il savoir quels sont les usages en la matière et quel montant donner en fonction de la nature et de la qualité du service rendu. Les informations ci-dessous vous faciliteront la tâche une fois sur place.

Addition	☺ 15 %	☺☺ 18 %	☺☺☺ 20 %
$10	$1.50	$1.80	$2
$15	$2.25	$2.70	$3
$20	$3	$3.60	$4
$30	$4.50	$5.40	$6
$40	$6	$7.20	$8
$50	$7.50	$9	$10
$75	$11.25	$13.50	$15
$100	$15	$18	$20

Restaurant : Laissez 15 % du montant de la note si vous estimez avoir eu droit au service minimum, 18 % si vous êtes satisfait du service, 20 % (ou plus) si vous êtes très satisfait.
Si vous êtes en groupe ou dans un resto très touristique, il se peut que le service soit inclus dans la note sous le nom de *service fees* ou *service charge*, pensez à vérifier ce point pour éviter de payer deux fois le service !
Depuis 2014, une loi oblige en effet les restaurants qui ajoutent automatiquement les *tips* à les facturer sous forme de taxe (*fee* ou *charge*). La raison à cela est que lorsqu'un établissement facture le prix du service, ce dernier fera partie des revenus imposables, tandis que le pourboire, qui est laissé à la discrétion du client, est net d'impôt pour le restaurant.
Enfin, s'il est possible de laisser un pourboire par CB (en indiquant simplement au serveur la somme à ajouter au montant de la note), il est de bon ton de s'acquitter du pourboire en espèces, pour faciliter la redistribution des *tips* aux employés.

Bar : Comptez $1 à $2 par boisson. Si vous prenez 2 ou 3 verres et laissez à chaque fois des *tips*, il se peut que vous soyez récompensé par un *buy-back*, c'est-à-dire un verre offert par la maison.

Taxi : Cela dépend des courses, mais pour une petite course dans Manhattan, $1 fait généralement l'affaire. Dites "keep the change" si vous souhaitez que le chauffeur garde la monnaie (expression très utile par ailleurs). Pour des trajets plus longs, comptez environ 15 % du prix de la course.

Hôtel : Il est d'usage de laisser un pourboire dans plusieurs circonstances. Aux voituriers, bagagistes, grooms, chasseurs… $1 à $3 par service rendu ; $5 au réceptionniste qui fait une réservation en votre nom (une table au restaurant, des billets pour un spectacle…) ; au moins $2 par nuit au personnel de ménage (vous pouvez laisser le pourboire sur votre table de chevet le jour du départ avec une brève note, par exemple : "To Housekeeping: Thank you!" (Merci pour le ménage !).

Cette liste n'est pas exhaustive mais je suis sûr que vous aurez compris l'esprit du pourboire à New York ! Aussi, au vu du nombre de situations dans lesquelles vous pouvez être amené à laisser un pourboire, je vous conseille de toujours avoir sur vous une petite liasse de billets de $1, cela s'avèrera pratique.

Infos pratiques (A-Z)

go-ny.fr/
usages

Lorsqu'on part à l'étranger, on se préoccupe toujours des démarches administratives, on s'intéresse beaucoup à ce que l'on va trouver sur place, aux activités possibles, aux différents points d'intérêt… et, dans notre empressement à partir et à profiter du voyage, on néglige parfois toutes ces petites choses du quotidien qui dans certains domaines font pourtant de grandes différences !

À New York, en effet, vous ne pourrez pas brancher le chargeur de votre téléphone sans utiliser un adaptateur *ad hoc*, vous ne pourrez pas fumer dans les parcs, pas plus que vous ne pourrez entrer le soir dans les bars sans présenter votre pièce d'identité… bref, vous réaliserez bientôt que tout ne fonctionne pas exactement "comme chez nous" !

Je vous propose donc un tour d'horizon de toutes "ces petites choses à savoir" avant de partir à New York.

Alcool et tabac

À New York, on ne badine pas avec la règlementation : pour acheter ou consommer de l'alcool, il faut avoir l'âge légal, à savoir 21 ans (et non 18 !). Le soir, à l'entrée des bars et des night-clubs, on vous demandera systématiquement de présenter une pièce d'identité, même si vous avez 50 ans !

Je précise : il faut avoir 21 ans révolus. Si vous avez "presque" 21 ans, vous n'entrerez pas, pas plus que si vous êtes accompagné de vos parents, inutile d'insister !

Aussi, il est strictement interdit de consommer de l'alcool dans la rue, et s'il est facile de se procurer des bières dans les supérettes, il n'en va pas de même pour le vin et les autres aclcools qui sont vendus dans des magasins spécialisés : les *liquor stores*.

La législation n'est pas plus souple pour le tabac, puisqu'il faut aussi avoir 21 ans pour en acheter. Au reste, tout est fait pour décourager les fumeurs : prix élevé du paquet, interdiction de fumer à moins de 4,5 m d'un établissement public (immeubles, bars, restaurants…), dans les parcs, les squares, et jusque sur les plages de la ville ! New York est en fin de compte une excellente destination pour arrêter de fumer !

Alimentation

• **Aller au resto** : contrairement à une idée reçue, il est tout à fait possible de bien manger à New York, de manger sainement (la culture du *healthy* est très en vogue à New York) et de façon variée, tout en se faisant plaisir, bien sûr. Encore faut-il ne pas foncer tête baissée dans le premier resto du coin et prendre le temps de chercher les bonnes adresses. C'est pourquoi vous trouverez, sur chacune des "Cartes à explorer" (p. 86 et suivantes), une sélection éclectique de restos de qualité que je recommande sans réserve.

• **Prendre à emporter** : la plupart des restos proposent l'option "take away" (à emporter), une aubaine si vous avez envie de piqueniquer dans un parc ou sur une jetée (ou même dans votre chambre d'hôtel, pour vous reposer après une journée bien remplie) en mangeant autre chose qu'un sandwich.

Un bon plan consiste à se rendre dans un *food court* où chacun pourra choisir selon ses envies : Time Out Market (carte A), Gotham West Market (carte D), Urbanspace Vanderbilt (carte E), Smorgasburg (carte J), ou encore Chelsea Market et Eataly (carte D) qui sont de véritables institutions !

Un autre bon plan est d'aller dans un resto ou un commerce qui propose des buffets en libre-service. Le principe est le même (prendre à emporter), à ceci près que chacun pourra composer son propre menu en se servant directement à sa convenance (plats chauds ou froids, soupes, viandes, poissons, légumes…). N'hésitez donc pas à pousser les portes de Jacob Restaurant, Essen ou encore Whole Foods Market (ce dernier fait la part belles aux produits frais, bio et locaux). Pour plus d'infos : **go-ny.fr/buffet**

• **Faire la cuisine** : si vous logez en appartement (ou appart-hôtel) et que vous décidez de cuisiner un minimum, une question simple pourrait se poser : où faire les courses ?

Sachez que, dans New York, il n'y a pas à proprement parler d'hypermarché, les premiers Walmart (l'équivalent de nos bons vieux Carrefour) sont situés dans le New Jersey ou le comté de Nassau ! Vous devrez donc vous rabattre sur les supérettes (les fameux *convenience stores*) et les supermarchés tels que l'excellent Whole Foods Market cité plus haut : **go-ny.fr/wfm**

Cartes bancaires

Dans certains commerces, il se pourrait que le caissier vous demande : "debit or credit?".
Spontanément, vous pourriez être tenté de répondre "credit", car cela sonne comme "carte de crédit", mais sachez que "credit" correspond à l'utilisation d'une carte de crédit renouvelable ou d'une carte à débit différé (de plus en plus de banques proposent cette option), alors que "debit" correspond à l'utilisation d'une carte bancaire classique (c'est-à-dire une carte à débit immédiat, sans dépassement possible du découvert autorisé).

En cas de doute, regardez attentivement votre carte, la mention DEBIT ou CREDIT doit y figurer.
Les cartes où il est indiqué PREPAID (prépayée) sont aussi des cartes de débit ; c'est par exemple le cas des cartes standards de N26 et Revolut (cf. § "Dollars" plus bas).

Notez que pour la location d'une voiture, la caution d'un hôtel et plus généralement les transactions impliquant une pré-autorisation de paiement, les cartes de débit sont parfois refusées (pour limiter les risques de défaut de paiement). Une carte de crédit peut donc être nécessaire dans certains cas. Raison pour laquelle je vous encourage à en avoir une, en complément d'une carte de débit de type N26 ou Revolut, le cas échéant.

Civisme (circulation, passages piétons…)

Les New-Yorkais sont très respectueux des règles et des bonnes manières, notamment en matière de circulation. Ainsi, ne vous avisez pas de traverser les passages piétons d'une grande avenue avant que le témoin lumineux ne vous y invite ! Dans le métro et les grands magasins, lorsque vous empruntez l'escalator, tenez-vous à droite (et si vous êtes deux, mettez-vous l'un derrière l'autre) afin de laisser passer les plus pressés ; ne restez pas "planté" à l'entrée ou la sortie d'une bouche de métro, respectez les files d'attente… Ce sont finalement des règles de bon sens, mais il est vrai que les Latins que nous sommes ne montrent pas toujours l'exemple dans ce domaine !

Dollars (paiement, retrait, change)

À New York, vous pourrez payer en dollars par carte bancaire, mais vous aurez aussi besoin d'un peu de cash, ne serait-ce que pour laisser un pourboire au bagagiste de l'hôtel, acheter un hotdog à un vendeur ambulant, etc.
Le problème, lorsqu'on est à l'étranger, c'est que des frais de transaction et de change s'appliquent chaque fois qu'on utilise sa carte bancaire (que ce soit pour effectuer un paiement ou un retrait). Une fois mis bout à bout, ces frais représentent bien souvent une somme rondelette dont on aimerait pouvoir faire l'économie…
Heureusement, il existe des solutions pour éviter ou limiter au maximum les frais bancaires à l'étranger.

Tout d'abord, la plupart des banques proposent désormais une option internationale, mais les tarifs et avantages associés varient d'une enseigne à l'autre, avec diverses limitations (nombre de paiements/retraits, plafonds, etc.), et il s'agit de ne pas se tromper : cette option doit vous permettre d'économiser plus que ce qu'elle vous coute !

Pour ma part, j'ai choisi d'utiliser les services de la banque en ligne N26, laquelle offre une carte permettant de payer à l'étranger sans aucuns frais (pas de frais de conversion ni de taxes !) et de pouvoir retirer de l'argent dans les distributeurs sans frais de change et en étant nettement moins taxé que par les banques traditionnelles.

Comme il n'y a pas de frais de gestion de compte (en dehors des frais de livraison de la carte), j'utilise cette carte lorsque je suis à l'étranger, mais aussi en France, en complément de ma CB habituelle. Je trouve rassurant le fait d'avoir une carte de secours, au cas où je perdrais ma carte principale ou que je sois contraint de faire opposition sur cette dernière, sans parler des fois où ma carte principale pourrait tout simplement être rejetée.
Bref, pour toutes ces raisons, je me dis que deux cartes valent forcément mieux qu'une !
Pour en savoir plus sur N26 (ou sa concurrente Revolut, qui est tout aussi avantageuse) et connaitre les autres bons plans qui permettent d'éviter ou limiter les frais bancaires à New York : **go-ny.fr/dollars**

Électricité

En Amérique du Nord, la tension du courant électrique est de 110 volts (à 60Hz), tandis que celle utilisée en Europe est de 220 volts (à 50 Hz).
Aussi, en raison de leur conception différente, les fiches de nos appareils ne sont pas faites pour se brancher aux prises américaines. Il vous faudra donc faire l'acquisition d'un adaptateur (pour quelques euros seulement) qui vous permettra de brancher votre chargeur de téléphone, votre ordinateur ou encore votre sèche-cheveu (il se peut que ce dernier fonctionne au ralenti du fait de la faible puissance délivrée. Si vous logez à l'hôtel, préférez-lui le sèche-cheveu maison, vous gagnerez en place dans vos valises !).

Pour éviter d'endommager un de vos appareils, pensez à vérifier ses caractéristiques électriques, même s'il est vrai que la plupart des appareils cités précédemment tolèrent les tension et fréquence nord-américaines, ce qui se traduit généralement de la façon suivante sur l'étiquette : "Input : 100-240V - 50-60 Hz".
Enfin, d'un point de vue pratique, le bon plan consiste à emporter une multiprise afin de pouvoir brancher plusieurs appareils en même temps, c'est plus commode et économique que d'acheter plusieurs adaptateurs !

Jours fériés

Aux États-Unis, on compte 10 jours fériés par an :

Date	Jour férié	Traduction / Description
1er janvier	New Year's Day	Nouvel An
3e lundi de janvier	Martin Luther King's Birthday	Anniversaire de la naissance du pasteur Martin Luther King, assassiné en 1968 à Memphis.
3e lundi de février	Washington's Birthday	Plus connu sous le nom de Presidents Day, ce jour férié célèbre les présidents américains.
Dernier lundi de mai	Memorial Day	Jour du Souvenir (soldats morts au combat)
4 juillet	Independence Day	Fête de l'Indépendance américaine
1er lundi de sept.	Labor Day	Fête du Travail
2e lundi d'octobre	Columbus Day	Jour de Christophe Colomb
11 novembre	Veteran's Day	Jour des Vétérans (anciens combattants)
4e jeudi de nov.	Thanksgiving	Jour d'Action de Grâce
25 décembre	Christmas	Noël

Quand le jour de l'An, la fête de l'Indépendance ou Noël tombent un dimanche, le lundi qui suit est férié. S'ils tombent un samedi, le vendredi précédent est férié.

Les services administratifs sont fermés les jours fériés. La plupart des autres établissements ferment exceptionnellement pour Thanksgiving, Noël et le Nouvel An mais ils sont ouverts le reste du temps.

Vous entendrez peut-être parler de l'Easter Monday (lundi de Pâques), mais il ne s'agit pas d'un jour férié à proprement parler, et vous verrez que tout est ouvert ce jour-là.

Numéros utiles / Indicatifs

Numéros à composer pour appeler la France depuis New York :
Depuis un mobile : +33 + n° de votre correspondant sans le 0 initial. Exemple : +33-123456789.
Depuis un fixe : 011 + 33 + n° de votre correspondant sans le 0 initial. Exemple : 011-33-123456789.

Numéros à composer pour appeler New York depuis la France :
Vers un mobile ou un fixe US : +1 + *aera code** (3 chiffres) + n° de votre correspondant (3 + 4 chiffres).
Exemple : +1-212-123-4567 depuis un mobile ou 00-1-212-123-4567 depuis un fixe.
Vers un mobile FR : composez le numéro habituel.
* L'*aera code* est parfois écrit entre parenthèses mais il faut toujours le composer.

Attention, lorsque vous utilisez votre mobile à l'étranger, les communications sont surtaxées par votre opérateur en émission ET en réception, à moins que votre forfait n'inclue les frais d'itinérance (*roaming*).
Des solutions existent pour téléphoner sans se ruiner, pour plus d'informations : **go-ny.fr/mobile**

En cas d'urgence, un seul numéro : 911 (police, pompiers, ambulance...).

Services d'opposition (en cas de perte ou de vol de votre carte bancaire lorsque vous êtes à New York) :
Visa : 1-800-847-2911 ; Eurocard Mastercard : 1-800-627-8372 (appels gratuits depuis les USA).

Objets trouvés (*Lost and Found*) : Métro / Bus : 511 ; Taxi : 311.

Consulat général de France à New York : 1-212-606-3600.

Pièces d'identité / Passeport

"ID please!" Voilà une expression que vous entendrez plusieurs fois lors de votre séjour à New York (le plus souvent lorsque vous devrez justifier de votre âge).
Comme en France, vous devrez toujours être en mesure de produire une pièce d'identité.
Par sécurité, je vous conseille de laisser votre passeport à l'endroit où vous logez (hôtel, appartement…), et de circuler muni de votre carte d'identité : vous aurez besoin de votre passeport pour quitter les États-Unis, autant ne pas prendre le risque de le perdre!

Santé (pharmacies, assurances…)

Si vous avez un petit bobo (rhume, maux de tête…) et que vous n'avez pas pensé à glisser dans votre valise une petite trousse médicale, je vous déconseille d'aller voir un médecin à New York car le prix des consultations et des soins est tout simplement exhorbitant! Par contre, de nombreux médicaments sont vendus en libre-service dans ce qu'on appelle les *convenience stores*, c'est-à-dire des sortes de supérettes où l'on trouve à peu près tous les produits du quotidien. Ces magasins font office d'épicerie, de droguerie, de pharmacie, de point presse…
Inutile par conséquent de chercher l'enseigne d'un commerce spécialisé en pharmacie comme on les trouve en France, mais plutôt celle d'un *convenience store*, et ils sont légion à New York : Duane Reade, CVS Pharmacy, Rite Aid, Wallgreens…
Si vous avez un bobo plus sérieux (personne n'est à l'abri d'un accident ou d'un pépin de santé, quelle que soit la durée du séjour!), la question est : disposez-vous d'une couverture médicale à l'étranger, ou, le cas échéant, avez-vous souscrit une assurance multirisques pour votre voyage, couvrant à la fois les problèmes logistiques (annulation/modification de vol…) mais aussi et surtout les problèmes de santé (avance et prise en charge des frais médicaux, rapatriement…)?
Encore une fois, les frais médicaux sont extrêmement élevés aux États-Unis (notamment en cas d'hospitalisation où chaque journée est facturée plusieurs milliers de dollars), je vous conseille donc vivement de souscrire une assurance vacances auprès d'un organisme tel que Chapka Assurances, AVI International ou ACS (à partir d'environ 25 € par personne pour un séjour de moins de 3 mois).
Sachez par ailleurs que si vous payez les billets de votre vol avec une carte VISA Premier ou Mastercard Gold, vous bénéficiez automatiquement d'une assurance voyage et santé, mais avec des garanties plus limitées et des franchises importantes. Renseignez-vous, comparez, et voyagez assuré!

Pour en savoir plus sur les assurances : **go-ny.fr/assurances**

Sécurité

Il est loin le temps où la ville battait des records de criminalité, New York se targue même aujourd'hui d'être la grande ville la plus sure des États-Unis ! Signe que les temps changent, certains quartiers comme Harlem ou Williamsburg (Brooklyn), dont la seule évocation était dans les années 1970-1980 synonyme d'insécurité, font aujourd'hui partie des quartiers les plus branchés et les plus prisés de New York.
Si le taux de criminalité reste historiquement bas, il semble que la crise sanitaire ait quelque peu changé la donne, et des French Yorkers m'ont confié se sentir un peu moins tranquilles qu'avant. Les chiffres montrent en effet une augmentation des crimes et délits, mais, en creusant un peu, on comprend que ce sentiment d'insécurité est souvent moins lié à la criminalité, encore très marginale, qu'à la présence plus importante de sans-abris dans certaines rues. Il faut savoir que la municipalité a décidé de fermer les campements sauvages et de vider le métro des gens qui y trouvent refuge, pour les contraindre à se rendre dans des foyers d'accueil spécialisés, mais cette politique ne rencontre pas le succès escompté et déplace le problème plus qu'elle ne le règle. Le maire actuel, Eric Adams, et les associations d'aide aux sans-abris s'emploient activement pour trouver de vraies solutions. New York reste donc une ville très sure, où l'on peut voyager sereinement, mais c'est aussi une ville très inégalitaire, et cela se voit davantage.

Wi-Fi

Le Wi-Fi dans les hôtels : la grande majorité des hôtels new-yorkais sont pourvus d'un réseau Wi-Fi, et presque tous le mettent à la disposition des clients gratuitement.

Le Wi-Fi dans les commerces : certaines enseignes proposent une connexion Wi-Fi gratuite, c'est notamment le cas de Starbucks Coffee, Apple Store, Barnes & Noble…

Le Wi-Fi dans le métro : les 283 stations souterraines du métro new-yorkais sont équipées d'un réseau Wi-Fi dont les usagers peuvent profiter gratuitement en se connectant au point d'accès "TransitWirelessWiFi". Notez que les trains eux-mêmes ne sont pas couverts, vous perdrez donc le signal une fois que votre train aura quitté la station… et le récupèrerez automatiquement à la station suivante.

Le Wi-Fi dans la rue : avec LinkNYC, New York ambitionne de devenir la ville la plus connectée du monde ! Le projet LinkNYC consiste à remplacer près de 7500 cabines téléphoniques par des "Links", *Link* étant le nom donné à une borne de nouvelle génération proposant différents services gratuits dont un accès Wi-Fi et des prises pour recharger son téléphone.

Connectez-vous au réseau "LinkNYC Free Wi-Fi" puis enregistrez votre adresse e-mail pour accéder au service (vous n'aurez besoin de le faire qu'une fois). Avec déjà plus de 1860 bornes actives, LinkNYC est devenu un moyen simple et pratique de se connecter au Wi-Fi dans les rues de New York.

Vous pouvez consulter la carte des Links à l'adresse suivante : go-ny.fr/wifi-links

Des points d'accès Wi-Fi et des chargeurs de téléphone équipent aussi de nombreux **parcs et squares** de la ville (mais tous ne sont pas gratuits de façon illimitée).

Pour plus d'infos sur le Wi-Fi à New York : go-ny.fr/wifi

Tableaux de conversion

Températures		**Longueurs**		**Longueurs**		**Poids**		**Volumes**	
Far. °F	**Cel. °C**	**Mile**	**km**	**Foot**	**m**	**Pound**	**kg**	**Gallon**	**l (litre)**
-13	-25	1	1,61	1	0,30	1	0,45	1	3,78
-4	-20	2	3,22	2	0,60	2	0,90	2	7,57
5	-15	4	6,44	4	1,21	3	1,36	3	11,35
14	-10	6	9,66	6	1,82	4	1,81	4	15,14
23	-5	8	12,87	8	2,43	5	2,26	5	18,92
32	0	10	16,09	10	3,04	6	2,72	6	22,71
35,6	2	15	24,14	15	4,57	7	3,17	7	26,49
39,2	4	20	32,19	20	6,09	8	3,62	8	30,28
42,8	6	30	48,28	30	9,14	9	4,08	9	34,06
46,4	8	50	80,47	50	15,24	10	4,53	10	37,85
50	10	100	160,93	100	30,48	11	4,98	**Once**	**cl**
53,6	12	150	241,40	150	45,72	12	5,44	1	2,95
57,2	14	200	321,87	200	60,96	13	5,89	2	5,91
60,8	16	**Yard**	**m**	**Inch**	**cm**	14	6,35	3	8,87
64,4	18	1	0,91	1	2,54	15	6,80	4	11,82
68	20	2	1,83	2	5,08	20	9,07	5	14,78
71,6	22	4	3,66	4	10,16	25	11,33	6	17,74
75,2	24	6	5,49	6	15,24	30	13,60	7	20,70
78,8	26	8	7,32	8	20,32	40	18,14	8	23,65
82,4	28	10	9,14	10	25,40	50	22,67	9	26,61
86	30	15	13,72	15	38,10	75	34,01	10	29,57
89,6	32	20	18,29	20	50,80	100	45,35	12	35,48
93,2	34	30	27,43	30	76,20	150	68,03	14	41,40
96,8	36	50	45,72	50	127	200	90,71	16	47,31
100	38	100	91,44	100	254	250	113,39	18	53,23
104	40	150	137,16	150	381	300	136,07	20	59,14

JUST PAST
HOUSTON STREET

Transports (métro, bus, taxis…)

go-ny.fr/
transport

New York est l'une des plus grandes mégapoles du monde. Inutile par conséquent d'espérer tout faire à pied, vous y laisseriez toutes vos forces et n'auriez jamais le temps de voir tout ce que vous voulez !

Mon conseil : visitez un maximum de choses à pied et, pour vous rendre d'un site à un autre, privilégiez le métro, le bus, le taxi… Bref, un moyen de locomotion plus rapide et surtout moins éprouvant !

Je me propose de vous expliquer le fonctionnement des différents services de transport qui existent à New York, mais aussi les avantages et les inconvénients de chacun d'entre eux afin que vous en fassiez le meilleur usage possible.

LE MÉTRO

Si vous deviez ne prendre qu'un moyen de transport, cela pourrait être le métro tant il est pratique et facile à utiliser. Je m'adresse notamment à ceux d'entre vous qui s'inquiètent à l'idée de prendre le métro : le réseau new-yorkais est à la fois sûr et bien conçu !

Pratique, rapide, sûr et économique !

Fonctionne en continu 24h/24, 7j/7

2 directions dans Manhattan : Uptown et Downtown

Le bon plan d'Alex :

Achetez une MetroCard illimitée pour vous déplacer autant de fois que vous le souhaitez pendant 7 jours (existe aussi pour 30 jours). Si votre séjour dure 8 ou 9 jours, vous pourrez créditer la carte du montant de votre choix en dollars afin de payer vos derniers trajets.

Fonctionnement du métro :

Il n'y a que deux notions à maitriser : l'une concerne l'orientation (à New York, la direction à suivre est rarement le nom du terminus d'une ligne), l'autre concerne la nature des trains en circulation :

Uptown et Downtown

Uptown = vers le haut de Manhattan.
Downtown = vers le bas de Manhattan.

Repérez votre station d'arrivée sur la carte du métro : si cette dernière se situe au-dessus de votre station de départ, suivez la direction "Uptown", si elle se situe au-dessous, suivez la direction "Downtown", c'est pas plus compliqué ! Pour les quartiers autres que Manhattan, la destination est systématiquement indiquée, par exemple : "Uptown & The Bronx", "Downtown & Brooklyn", "Queens"…
N'hésitez pas à regarder mon tutoriel vidéo sur le métro de New York : go-ny.fr/metro

Local et Express

La plupart des lignes du métro new-yorkais comportent des sections où les trains opèrent en "local" et d'autres où ils opèrent en "express". Un train local s'arrête à toutes les stations tandis qu'un train express s'arrête à un nombre limité de stations. Sur la carte du métro : les points noirs correspondent aux stations desservies par les trains de type local, et les points blancs aux stations desservies par tous les trains (local et express). Comment ne pas se tromper ?
Repérez votre station d'arrivée et assurez-vous que le numéro de votre train figure à côté.
De cette façon, vous êtes sûr d'arriver à bon port !

Tarifs et modalités d'utilisation des tickets/cartes :

	Tarif	Usage conseillé
Tarif de base	$2.75	-
❶ **Single Ride Ticket** (ticket simple)	$3	Pour 1 trajet exceptionnel
❷ **Pay-Per-Ride (Regular) MetroCard**	à partir de $5.50	Entre 2 et 12 trajets / semaine
❸ **Unlimited Ride MetroCard**	$33 (7 jrs) - $127 (30 jrs)	Plus de 12 trajets / semaine
❹ **7-Day Express Bus Plus Metrocard**	$62	Nombreux trajets en Exp. Bus

Le tarif de base d'un trajet en métro (ou en bus) est de $2.75, quelle que soit la distance parcourue.
Vous observerez que le tarif de base n'équivaut pas au prix d'un ticket de métro à l'unité. En effet, le prix d'un ticket simple est de $3, ce qui revient à dire que vous payez le tarif de base majoré de $0.25 pour l'achat du ticket lui-même. La MTA (Metropolitan Transportation Authority) incite de cette façon les gens à utiliser des cartes rechargeables, lesquelles sont plus économiques et respectueuses de l'environnement.
De fait, si vous payez avec une Regular MetroCard (cf. encart n° 2), le montant prélevé sur votre carte pour un trajet correspond bien au tarif de base, à savoir $2.75.

❶ **Single Ride Ticket** (ticket à usage unique, vous payez pour un seul voyage)

Le prix d'un ticket de métro (ou de bus) acheté à l'unité est de $3.
Soyons clairs, l'intérêt des tickets à l'unité est nul, à moins que vous ne preniez le métro qu'une fois durant votre séjour, à titre exceptionnel.
Attention, les tickets simples s'achètent uniquement aux machines automatiques (pas aux guichets).

❷ **Pay-Per-Ride (Regular) MetroCard** (carte réutilisable, vous payez pour chaque voyage)

La Regular MetroCard est une carte magnétique rechargeable (valable 1 an à partir de sa date d'achat).
- Achetez la carte en la créditant de $5.50 minimum, puis rechargez-là à votre guise.
- Vous pouvez recharger la carte autant de fois que vous le souhaitez (jusqu'à sa date d'expiration).
- La Regular MetroCard peut être utilisée par 1, 2, 3 ou 4 personnes à la fois : faites-vous passer la carte pour franchir les tourniquets dans le métro.
- La Regular MetroCard autorise les correspondances bus-métro, métro-bus et bus-bus dans un délai de 2h, gratuitement (sauf exception).
- Vous pouvez transformer votre Regular (Pay-Per-Ride) MetroCard en Unlimited MetroCard et inversement (cf. encart n° 3). En effet, lorsque vous insérez votre carte dans une machine automatique, vous avez le choix d'ajouter des dollars (*add value*) ou du temps (*add time*). Si vous décidez de transformer votre Regular MetroCard en Unlimited MetroCard alors que vous avez un solde en dollars positif, le crédit temps (de 7 ou 30 jours, selon la formule que vous aurez choisie) sera utilisé en premier, et lorsque ce dernier aura expiré, le prix des trajets sera automatiquement prélevé sur le solde en dollars restant sur la carte. Par ailleurs, si vous empruntez le PATH (cf. p. 36), l'AirTrain (cf. p. 37) ou l'Express Bus (cf. encart n° 4), le prix des trajets sera systématiquement prélevé sur le solde en dollars de votre carte, car ces services de transport n'acceptent pas les MetroCards illimitées.

Si vous projetez de prendre le métro plus de 12 fois lors de votre séjour, Il est clairement plus intéressant de prendre une MetroCard illimitée (cf. encart ci-dessous).

❸ **Unlimited Ride MetroCard** (carte réutilisable, vous voyagez de façon illimitée pendant 7 ou 30 jours)

La Unlimited MetroCard est une carte magnétique rechargeable (valable 1 an à partir de sa date d'achat).
- Achetez la version qui vous convient : 7 ou 30 jours. La première permet de circuler en métro (et en bus) de façon illimitée pendant 7 jours ; la seconde pendant 30 jours.
- La version 7 jours coute $33 (+ $1 s'il s'agit d'une nouvelle carte) ; la version 30 jours coute $127 (+ $1 s'il s'agit d'une nouvelle carte).

• La Unlimited MetroCard ne peut pas être utilisée par plusieurs personnes à la fois. Si vous êtes en couple, par exemple, vous devez acheter une carte chacun pour voyager ensemble de façon illimitée.
En pratique, lorsque vous passez votre carte au tourniquet d'une station de métro, vous ne pouvez pas la réutiliser dans cette même station avant un délai de 18 minutes (cette mesure permet d'éviter que des gens ne soient tentés d'utiliser une même carte à plusieurs).
De fait, si vous entrez par erreur sur le quai d'une station avec une Unlimited MetroCard, vous devez soit vous armer de patience, soit accepter de prendre un mauvais train et sortir à la station suivante pour vous réorienter!
Moralité : je vous conseille de bien regarder le plan du métro avant de passer le tourniquet!
• Vous pouvez transformer votre Unlimited MetroCard en Regular (Pay-Per-Ride) MetroCard en la rechargeant en dollars au distributeur automatique. Ainsi, lorsque le crédit temps de votre Unlimited MetroCard aura expiré, le prix des trajets sera prélevé sur le solde en dollars de la carte.
Cela peut s'avérer pratique et économique si votre séjour dépasse légèrement le crédit temps de la carte, par exemple si vous restez 8 ou 9 jours à New York et que vous avez acheté une MetroCard 7 jours, ou si vous souhaitez utiliser un moyen de transport qui n'accepte pas les MetroCards illimitées, comme le PATH, l'AirTrain ou l'Express Bus (dans ce cas, le prix des billets sera automatiquement prélevé sur le solde en dollars de votre carte, même si le crédit temps de cette dernière n'a pas expiré).
• Vous pouvez recharger la carte autant de fois que vous le souhaitez (jusqu'à sa date d'expiration).
• Le compteur du crédit temps de la Unlimited MetroCard s'active lors de la première utilisation de la carte (au besoin, vous pouvez donc acheter une carte un ou plusieurs jours avant de l'utiliser).

❹ **7-Day Express Bus Plus MetroCard** (carte pour les bus express, les bus locaux et le métro)

La carte 7-Day Express Bus MetroCard Plus permet d'emprunter de façon illimitée les bus express (cf. page suivante) mais aussi les bus de ville et le métro pendant 7 jours.
• Achetez une 7-Day Express Bus Plus MetroCard pour $62.
Cette carte n'a d'intérêt que si vous prévoyez de prendre régulièrement des bus express, sinon préférez-lui la Unlimited MetroCard 7 jours.

Infos utiles sur le fonctionnement des distributeurs automatiques de tickets/cartes

• L'interface des distributeurs automatiques est par défaut en anglais mais le français est souvent proposé.
• Si vous payez en espèces, sachez que la machine ne rend la monnaie qu'à hauteur de $9.
Par conséquent, tâchez de faire l'appoint ou de vous en approcher (pas plus de $9 d'écart).
• Si vous réglez par CB, tapez "99999" dans le champ "Zip Code" lorsque vous y êtes invité.
• Il n'est pas possible d'acheter plus de 2 MetroCards avec une même CB (un délai de 24h est nécessaire avant de pouvoir la réutiliser) ; au besoin, utilisez une autre CB ou réglez en espèces.

One Metro New York (OMNY), l'avenir de la MetroCard

OMNY est un système de paiement sans contact en cours de déploiement dans la région métropolitaine de New York. À terme, il remplacera la MetroCard et élargira son champ d'action en incluant de nouveaux réseaux de transport. Il est d'ores et déjà possible d'utiliser OMNY dans le métro, les bus locaux et express.
Rendez-vous sur **go-ny.fr/omny** pour créer votre compte et y associer un moyen de paiement sans contact.
Vous pouvez aussi choisir d'acheter et créditer une carte dédiée OMNY à New York (dans un *convenience store* tel que 7 Eleven, CVS Pharmacy, Walgreens…) plutôt que d'utiliser votre CB ou votre smartphone, mais il faudra de la même façon associer cette carte à votre compte OMNY.
Bien sûr, la MetroCard restera fonctionnelle le temps nécessaire pour assurer une transition en douceur.

LE BUS

Le bus est moins rapide que le métro puisqu'il est soumis aux règles et aux aléas de la circulation : feux tricolores, embouteillages... En revanche, il a sur le métro un avantage non négligeable : la vue ! En effet, le bus permet de découvrir des endroits de la ville dans lesquels on n'a pas forcément prévu de s'arrêter.

Pratique pour traverser Manhattan d'est en ouest

Desserte plus importante que le métro en banlieue

Permet de visiter la ville !

Le bon plan d'Alex :

La nuit, dans un bus local, vous pouvez demander au chauffeur de vous déposer entre deux arrêts, à l'endroit de votre choix. Si le chauffeur peut arrêter le bus en toute sécurité et que c'est sur le trajet de sa ligne, il vous déposera à l'endroit souhaité !

Fonctionnement du bus :

Le bus fonctionne peu ou prou comme en France. Chaque ligne a un numéro et chaque bus affiche sa provenance et sa destination. Une lettre précède le numéro de la ligne en fonction du quartier desservi : M pour Manhattan, B pour Brooklyn, Q pour Queens, Bx pour The Bronx et S pour Staten Island.
Les bus de type local (*local bus*) s'arrêtent en général tous les 2 ou 3 blocs ; les bus de type *limited* (*limited bus*) s'arrêtent moins souvent, à l'image des trains express dans le métro.
Les bus de type express (*express bus*) parcourent de grandes distances et relient plusieurs quartiers entre eux, ils circulent généralement aux heures de pointe les jours ouvrables et s'arrêtent très peu (ils sont surtout fréquentés par des New-Yorkais qui travaillent à Manhattan mais vivent en banlieue).
Même s'il est plus lent que le métro, le bus se révèle parfois très pratique, notamment pour traverser Manhattan d'est en ouest (et inversement) sachant que la plupart des lignes du métro parcourent Manhattan sur un axe nord-sud. Par exemple, si vous êtes dans l'Upper West Side, au niveau de la 81e rue, et que vous souhaitez vous rendre à l'opposé, dans l'Upper East Side, vous pouvez prendre le bus 79 qui vous conduira à destination en traversant Central Park, alors que si vous preniez le métro, vous devriez faire un grand détour et plusieurs changements...

Tarifs et modalités d'utilisation des tickets/cartes :

Bus et métro partagent le même système de tarification, et pour cause, ils sont tous les deux gérés par la MTA (Metropolitan Transportation Authority). Je vous renvoie donc au tableau de la p. 31 pour connaitre les tarifs. La seule exception concerne les bus express : le cout d'un voyage en bus express est de $6.75.

Si vous montez dans un bus local sans MetroCard, vous pouvez acheter un ticket simple : faites l'appoint en pièces (ni billets, ni pennies) et insérez-les dans la machine prévue à cet effet (*farebox*), à l'avant du bus.

Pour plus dinformations, n'hésitez pas à visiter le site officiel de la MTA (en anglais) : go-ny.fr/mta

Le conseil d'Alex

Si vous prévoyez d'utiliser régulièrement le métro et/ou le bus lors de votre séjour à New York, optez pour la MetroCard illimitée (Unlimited Ride MetroCard). Elle vous permettra de voyager autant de fois que vous le souhaitez pendant 7 ou 30 jours (selon la version choisie). C'est de loin l'option la plus économique et la plus pratique ! Même si vous ne restez à New York que 3 ou 4 jours, il est fort probable que vous ayez besoin de prendre le métro et/ou le bus plus d'une douzaine de fois. Il n'y a donc pas à hésiter !

Sachez que OMNY (cf. p. 32, encart du bas) conserve les avantages de la MetroCard illimitée : si vous faites plus de 12 trajets (du lundi au dimanche), OMNY agira automatiquement comme une MetroCard 7 jours.

LE TAXI

Le taxi jaune fait partie des symboles de New York, au même titre que la statue de la Liberté, Times Square ou l'Empire State Building… Mais, au-delà de l'image d'Épinal, que faut-il retenir du taxi ?

Facile à trouver, à toute heure du jour et de la nuit !

Transport de porte à porte

Conversations parfois amusantes avec le chauffeur

Le bon plan d'Alex :

Privilégiez le taxi pour vos retours de soirées, à une heure où la circulation est fluide et où la fatigue se fait sentir.
Et si vous êtes 3 ou 4, vous pouvez partager le prix de la course, sachant que ce dernier ne varie pas en fonction du nombre…

Fonctionnement du taxi :

Les taxis fonctionnent globalement comme en France. Ils se repèrent très facilement grâce à leurs couleurs vives. Il suffit de héler un taxi libre (témoin lumineux allumé) pour qu'il s'arrête.

Le taxi jaune (*yellow cab*)

Même s'ils sont autorisés à prendre et déposer des passagers partout dans New York, les taxis jaunes opèrent essentiellement dans Manhattan. Ils sont si nombreux qu'on a parfois l'impression qu'il y a plus de taxis que de voitures particulières ! Il faut dire que le stationnement dans Manhattan est hors de prix et que tout est fait pour encourager l'utilisation des taxis et des transports en commun.

Le taxi vert (*boro taxi*)

Constatant que Manhattan était devenu la chasse gardée des taxis jaunes et que ces derniers délaissaient de plus en plus les autres quartiers de New York, Michael Bloomberg a lancé le *Five Borough Taxi Plan*.
Ce projet s'est concrétisé à l'été 2013 avec la mise en service des taxis verts. Les taxis verts ne sont pas autorisés à prendre des passagers dans Manhattan (sauf au nord de la 96e rue ouest et de la 110e rue est), ni à la sortie des aéroports. En revanche, ils peuvent déposer des passagers dans Manhattan.
Ils opèrent donc principalement dans les quartiers de Brooklyn, Queens, The Bronx et Staten Island.
Autrement dit : dans Manhattan, vous ne pouvez monter que dans des taxis jaunes ; dans les autres quartiers, vous pouvez héler n'importe quel taxi (jaune ou vert), du moment qu'il est libre.

N'hésitez pas à regarder mon tutoriel vidéo sur le taxi à New York : **go-ny.fr/taxi**

Tarifs et modalités de paiement :

Le prix d'une course en taxi se décompose comme suit : le tarif de départ ($2.50) + le tarif au compteur ($0.50 tous les 320 mètres environ ou toutes les 60 secondes en cas d'embouteillage) + la taxe d'État ($0.50) + une "taxe d'amélioration" ($0.30) qui sert à financer un programme visant à augmenter le nombre de taxis accessibles aux personnes en fauteuil roulant + environ 15 % de pourboire. S'ajoutent éventuellement les taxes liées aux heures de pointe ($1 entre 16h et 20h les jours ouvrés) et aux heures de nuit ($0.50 entre 20h et 6h). Ainsi, une course du Rockefeller Center au Madison Square Garden vous coutera environ $8 si le trafic est fluide, $13 si le trafic est moyen, et beaucoup plus aux heures de pointe, car le trafic est alors infernal (il vaut mieux marcher ou prendre le métro !). Vous pouvez payer en espèces ou par CB, au choix (y compris le pourboire). Notez que les chauffeurs ne sont pas tenus d'accepter les billets de plus de $20.

LE CITI BIKE (vélo en libre-service)

Il ne faut pas voir le vélo comme un simple moyen de locomotion mais plutôt comme une activité à part entière : le Citi Bike permet en effet de visiter la ville tout en procurant un véritable sentiment de liberté !

Fun et écologique !

Très nombreuses stations

Permet de visiter la ville !

Le bon plan d'Alex :

Profitez d'une belle journée pour vous balader en Citi Bike ! Pourquoi ne pas faire la jonction entre deux sites à vélo plutôt qu'en métro ?

Voilà une bonne façon de joindre l'utile à l'agréable !

Fonctionnement, tarifs et modalités d'utilisation du Citi Bike

Comme le Vélib' à Paris, le Citi Bike est un sytème de location de vélos en libre-service.
Le Citi Bike permet de faire de petites balades et/ou de petits trajets en ville sans jamais s'encombrer du vélo lui-même puisqu'il est possible de le prendre et de le déposer dans n'importe quelle station du réseau.
Aujourd'hui, le Citi Bike couvre entièrement Manhattan, de nombreux quartiers de Brooklyn et de Queens, en particulier le long de l'East River, ainsi que les villes voisines de Jersey City et Hoboken (New Jersey).
Le développement du réseau se poursuit activement (à l'initiative de son nouveau propriétaire, Lyft, la société de VTC) et de nouvelles stations voient régulièrement le jour.

Pour louer un Citi Bike, deux options s'offrent à vous :

- **Single Ride :** $3.99
- **Day Pass :** $15

Il existe aussi un abonnement annuel (Annual Membership), mais ce dernier est plutôt destiné aux résidents.

Comme son nom l'indique, le Single Ride correspond à un trajet unique et vous permet d'emprunter un Citi Bike pour une durée de 30 minutes. En cas de dépassement, des frais de $0.23 par minute supplémentaire s'appliquent.
Le Day Pass vous donne le droit d'utiliser le service Citi Bike autant de fois que vous le souhaitez durant 24h. Avec ce dernier, la première demi-heure d'utilisation est gratuite, ce qui veut dire que si vous déposez un Citi Bike moins de 30 minutes après l'avoir pris et que vous en reprenez un, vous aurez de nouveau droit à 30 minutes d'utilisation gratuite. Il est donc facile d'utiliser un Citi Bike sans jamais payer plus que le prix du pass : il suffit de ne jamais s'en servir plus de 30 minutes. En cas de dépassement, des frais de $4 par tranche de 15 minutes supplémentaires s'appliquent.

La façon la plus simple et pratique de louer un Citi Bike est d'utiliser l'appli officielle (cf. lien plus bas). Vous bénéficierez de la géolocalisation en temps réel, vous pourrez repérer les stations les plus proches, suivre les itinéraires conseillés, contrôler le temps consommé, les distances parcourues ou à parcourir...
Naturellement, vous pouvez aussi vous présenter à la borne d'une station muni d'une carte bancaire (l'interface tactile des bornes est traduite en plusieurs langues dont le français). La machine vous délivrera un code de dévérouillage. Ce code est à usage unique. Après avoir déposé votre vélo dans une station, si vous souhaitez reprendre un Citi Bike, insérez-désinsérez votre carte bancaire (celle qui a servi au paiement du pass) dans la borne automatique, vous obtiendrez un nouveau code de déverrouillage, sans frais supplémentaires. Refaites cette manipulation chaque fois que vous voulez prendre un vélo durant la période de validité de votre pass.
Notez que le tarif de location d'un Citi Bike à assistance électrique (seulement accessible via l'appli) est majoré de $0.23 par minute, quel que soit le pass utilisé.

Infos et liens de téléchargement : go-ny.fr/citibike
Nota : il est aussi possible d'utiliser l'appli Lyft pour louer un Citi Bike.

LES AUTRES MOYENS DE TRANSPORT

Le PATH (Port Authority Trans-Hudson)

Vous l'avez peut-être déjà remarqué : le métro franchit l'East River en plusieurs endroits mais il ne traverse pas l'Hudson River. Ce qui veut dire qu'il est possible de rallier Manhattan en métro lorsqu'on loge dans Brooklyn ou dans Queens mais pas lorsqu'on loge dans le New Jersey (et pour cause, ce dernier ne fait pas partie de l'État de New York!). Pour franchir l'Hudson, deux des solutions les plus pratiques sont le PATH et le ferry (cf. encart suivant). De fait, si vous décidez de loger dans le New Jersey, fût-ce dans un quartier à proximité de Manhattan (du côté de Paulus Hook, Newport ou encore Hoboken), vous aurez des frais de transport supplémentaires.

Si vous optez pour le PATH, je vous conseille d'acheter l'un des pass suivants :
- **SmartLink 7-day pass** à $36 (utilisation illimitée du PATH pendant 7 jours)
- **SmartLink 30-day pass** à $110.25 (utilisation illimitée du PATH pendant 30 jours)

En revanche, si vous logez dans Manhattan ou un autre quartier de New York et que vous prévoyez de vous rendre sur les rives du New Jersey juste une ou deux fois, contentez-vous d'utiliser votre MetroCard :
- Pay-Per-Ride (Regular) MetroCard : utilisez votre carte comme si vous preniez le métro, le prix des trajets en PATH sera automatiquement prélevé sur votre carte, à raison de $2.75 par trajet.
- Unlimited Ride MetroCard : créditez votre carte afin de payer vos trajets en PATH (cf. p. 32, encart n°3).

Le système de paiement sans contact OMNY (cf. p. 32, encart du bas) est en cours d'expérimentation sur le réseau du PATH et devrait remplacer les MetroCards et les cartes SmartLink d'ici fin 2023.

Pour plus d'informations sur le PATH : **go-ny.fr/path**

Le ferry

De nombreux ferries sillonnent les eaux de New York et font le lien entre l'île de Manhattan et les quartiers alentour. Par beau temps, prendre le ferry est une très agréable façon de se déplacer et de découvrir la ville autrement. Les deux principaux opérateurs sont le NYC Ferry et le NY Waterway.

Compagnie	Principales liaisons	Tarifs
NYC Ferry	Manhattan ↔ Queens, Brooklyn (East River)	$2.75 pour un voyage (+$1 avec un vélo)
NY Waterway	Manhattan ↔ New Jersey (Hudson River)	Le tarif varie selon le trajet effectué

Bon à savoir : le NYC Ferry permet d'accéder à des quartiers de Brooklyn et Queens qui sont peu ou mal desservis par le métro et le bus. Il est même possible d'aller jusqu'à Rockaway Beach (ligne RW) et Coney Island (ligne CI ouverte en 2022), ce qui peut être très sympa pour passer une journée à la plage.

Pour plus d'informations sur le ferry : **go-ny.fr/ferry**

Le VTC (Uber, Lyft…)

New York n'a évidemment pas échappé au phénomène d'*ubérisation*. Plusieurs sociétés de véhicules de transport avec chauffeurs proposent leurs services : Uber, Lyft ou encore Via. Dans Manhattan, le nombre de taxis jaunes est tel que vous n'aurez presque jamais besoin de chercher ou d'attendre un taxi, en revanche, le VTC pourra vous être utile dans d'autres *boroughs* où les taxis sont moins présents…

Pour plus d'informations sur le VTC : **go-ny.fr/vtc**

Le téléphérique de Roosevelt Island

Roosevelt Island est une petite ile de l'East River. Ce qui fait son originalité, c'est moins ce qu'on y trouve que le moyen qu'on utilise pour s'y rendre : le téléphérique! La vue sur Midtown East est superbe!

Pour plus d'informations sur le téléphérique de Roosevelt Island : **go-ny.fr/telepherique**

LES TRANSFERTS DEPUIS L'AÉROPORT

Quelle est la meilleure façon pour vous de rejoindre Manhattan (ou tout autre lieu à New York) ?
Telle est la première question qui se posera à votre arrivée à l'aéroport. Mais, cette question, il est préférable de se la poser avant et, dans certains cas même, de réserver son moyen de transport en amont...

Transfert en taxi jaune

Le taxi est un moyen simple de rejoindre Manhattan, mais pas forcément le plus économique si vous êtes seul ou en couple (en revanche, si vous partagez les frais à 3 ou 4, cela devient intéressant).

- Depuis JFK, la course en taxi coute env. $70 (les $52 du forfait de base + péage, taxes et pourboire).
- Depuis Newark, comptez entre $75 et $100 en fonction du trafic (il s'agit d'un tarif au compteur majoré d'une taxe d'aéroport de $17.50 + les frais de péage, taxes et pourboire).

Nota : pour le transfert retour, si vous demandez au réceptionniste de votre hôtel d'appeler un taxi, il réservera un taxi privé, généralement une berline noire (type *sedan*). Pas de panique, les tarifs sont peu ou prou les mêmes.

Transfert en taxi privé (ou en limousine !)

Si vous n'avez pas envie de faire la queue pour prendre un taxi à votre arrivée à l'aéroport, sachez que plusieurs compagnies proposent un service de transport privatif, c'est par exemple le cas de Carmel Car & Limousine Service ou de mon agence *New York en français* (voir aussi page 57).
De la traditionnelle berline noire à la luxueuse limousine en passant par le SUV ou le minibus, vous trouverez forcément un modèle qui répond à vos besoins.
Pour en savoir plus sur les taxis privés et faire une réservation :

- Carmel Limo : go-ny.fr/**carmel-jfk** (depuis/vers JFK) ; go-ny.fr/**carmel-ewr** (depuis/vers Newark)
- New York en français : go-ny.fr/**nyef-transferts**

Transfert en *shuttle* (navette partagée)

Le *shuttle* GO Airlink peut être une bonne option si vous logez dans Manhattan (il ne dessert pas les autres quartiers). Le *shuttle* se présente sous la forme d'un van pouvant embarquer jusqu'à 11 passagers.
Comme le taxi, il assure des transferts de porte à porte. Le *shuttle* dépose les passagers en fonction de leurs adresses respectives dans Manhattan, il se peut donc que vous passiez un certain temps dans le *shuttle*, mais s'il s'agit de votre premier voyage à New York, la balade est loin d'être déplaisante !
Un trajet en *shuttle* coute environ $45 par personne, ce qui est intéressant si vous êtes seul.
Je vous explique ici comment réserver un transfert en *shuttle* : go-ny.fr/**shuttle**

Transfert en AirTrain + Métro (JFK) ou Train (Newark)

Cette option n'est pas la plus pratique car vous devrez faire un ou plusieurs changements et terminer votre trajet à pied (bagages à la main) pour rejoindre votre logement, mais c'est la plus économique.

- Depuis JFK, prenez l'AirTrain jusqu'à la station Howard Beach (correspondance avec la ligne A du métro) ou Jamaica (correspondances avec les lignes E, LIRR, J et Z) en fonction de votre destination finale.
  Tarif : $8 (AirTrain) + $2.75 (Métro) soit $10.75 par personne.
- Depuis Newark, prenez l'AirTrain jusqu'à la station Newark Liberty Airport puis le train (NJ Transit) pour rejoindre New York Penn Station (Midtown). Correspondance possible avec le PATH à Newark Penn Station.
  Tarif : env. $15 par personne (le prix de l'AirTrain est inclus dans celui du train).

Le bus n'est pas une option que je conseille (sauf exception, pour se rendre dans un quartier non desservi par le métro ou le train), car c'est moins rapide, moins pratique et pas plus économique que le métro ou le train.
Pour connaitre les transferts possibles depuis ou vers l'aéroport LaGuardia (qui propose essentiellement des vols intérieurs), consultez la page suivante : go-ny.fr/**laguardia**

Shopping

Comme Paris, Londres ou encore Tokyo, New York est un des hauts lieux de la mode et du shopping. Aussi, il serait dommage que vous alliez à New York sans prendre le temps de faire quelques emplettes… d'autant que je me propose de vous donner toutes les bonnes adresses !

TAXES

La première chose à savoir, concernant le shopping, c'est que la plupart des biens vendus au détail à New York sont soumis aux taxes de la ville et de l'État, soit une majoration de 8,875 %. Le prix affiché sur l'étiquette d'un article ne sera donc pas forcément celui que vous paierez en caisse. Avant d'acheter une tablette ou un téléphone dernier cri en pensant que c'est une bonne affaire, n'oubliez pas de calculer le cout des taxes ! Certains biens sont toutefois exemptés de taxes, c'est notamment le cas des vêtements et chaussures dont le prix unitaire est inférieur à $110. Par exemple, si vous achetez un jean à $30, un pull à $40 et un manteau à $90, pour un total de $160, vous ne paierez pas de taxes car chacun de ces articles coute moins de $110. Sont également exemptés de taxes les produits alimentaires que vous achetez au supermarché, les médicaments ou les couches pour bébés… Plus d'infos sur les taxes : go-ny.fr/taxes (en anglais)

LES MEILLEURS ENDROITS POUR FAIRE DU SHOPPING

NoHo et SoHo

Le périmètre situé entre Union Square, Canal Street, Broadway et Lafayette Street concentre un nombre incalculable de boutiques, dont certaines qui proposent des sneakers pas chères et originales, ou des modèles de collection.

Principaux magasins : Flight Club, Laced Up, Levi's, American Eagle, Adidas, Converse, Kith, Uniqlo…

34th Street

Sur 34th Street, entre 5th et 9th Avenue et tout autour de Macy's, vous trouverez une incroyable variété de magasins pour hommes, femmes et enfants.

Principaux magasins : Macy's, B&H, Foot Locker, Vans, Hollister, Forever 21, Crocs, Banana Republic, H&M, Skechers, Zara, Aldo, Urban Outfitters, Sephora, Tommy Hilfiger…

Times Square

Times Square fait la part belle aux grandes enseignes et à leurs écrans géants, c'est "The place to be" pour une séance shopping en famille !

Principaux magasins : Forever 21, American Eagle, Lids, Foot Locker, M&M's World, Swatch, H&M, Sunglass Hut, Sephora, Disney Store, Levi's, Champs Sports…

LES MAGASINS À NE PAS RATER

Macy's : Avec ses 12 niveaux, c'est tout simplement le plus grand magasin de New York. Bon plan : obtenez un bon de réduction de 10 % à valoir sur tout le magasin en présentant votre passeport au *Visitor Center* situé au 1er étage. C'est vraiment un incontournable, j'y fais toujours plein de bonnes affaires.

Harry Potter : Le plus grand magasin Harry Potter du monde a ouvert ses portes à New York en 2021. Des produits dérivés à en perdre la tête, et surtout un merveilleux voyage dans l'univers du jeune sorcier !

Victoria's Secret : Le must pour la lingerie fine !

American Eagle Outfitters : Cette enseigne propose des lignes de style plutôt *casual* (polos, sweats…).

Urban Outfitters : Magasin branché proposant des vêtements mais aussi de nombreux livres et accessoires aussi sympas qu'insolites !

B&H : C'est LE magasin référence pour tout ce qui touche à la photo, la vidéo et la Hi-Fi ! Très bons prix.

Lids : Large collection de casquettes personnalisables (possibilité de faire broder le nom de son choix).

PIQ : Magasin de souvenirs et de *goodies* new-yorkais dont les créations du designer Mark Tetro.

FAO Schwarz : L'iconique magasin de jouets qui plait autant aux petits qu'aux grands !

LES MAGASINS POUR ENFANTS/ADOS

Si vous voulez faire plaisir à vos chères têtes blondes, vous trouverez forcément votre bonheur dans l'une des enseignes suivantes :

Forbidden Planet : Magasin de comics, figurines et *goodies* en tout genre. (832 Broadway)
Disney Store : 3 étages entièrement dédiés à l'univers de Disney ! (1540 Broadway)
Build a bear : Choisissez une peluche et faites-la personnaliser en live ! (565 5th Avenue)
American Girl Place : Immense magasin de poupées avec vêtements et accessoires. (609 5th Avenue)
Lego Store : Allez à celui de Rockefeller Plaza (620 5th Avenue), pour y voir d'énormes sculptures en Lego !
Camp : Entrez au moins une fois dans l'un des magasins Camp de New York, c'est une vraie expérience ! (110 5th Avenue ; 10 Columbus Circle, # Suite 202 ; 20 Hudson Yards, Floor 2 ; 1 Dekalb Avenue, Brooklyn)
Nintendo World Store : Tout l'univers de Mario et de ses amis ! Jeux, *goodies*… (10 Rockefeller Plaza)
Plus d'infos sur les magasins pour enfants : **go-ny.fr/shop-enfants**

LES "OUTLETS" (zones commerciales avec des magasins d'usine)

Les *outlets*, bon plan ?
C'est une question qui revient souvent. Si l'on y fait parfois de bonnes affaires, les prix ne sont pas toujours plus intéressants qu'ailleurs (les soldes étant monnaie courante à New York) et, en ce qui me concerne, j'ai toujours préféré m'accorder plusieurs petites séances de shopping dans les jolies rues de SoHo ou de Midtown, par exemple, que de passer (ou perdre) une grosse partie de ma journée dans les *outlets* !
En effet, il faut savoir que les grands *outlets* les plus proches sont ceux de **Jersey Gardens**, dans le New Jersey, et de **Woodbury Common Premium Outlets**, à Central Valley, dans le comté d'Orange.
Il est donc nécessaire de sacrifier une bonne demi-journée (voire davantage pour Woodbury) afin d'en profiter, ce que je trouve fort dommage lorsqu'on ne passe que quelques jours à New York…

Toutefois, depuis 2019, les inconditionnels du shopping n'ont plus besoin de quitter New York pour trouver des *outlets*. Des magasins d'usine ont en effet vu le jour à Staten Island, juste à côté de St. George Terminal et son ferry gratuit ! Les **Empire Outlets**, tels qu'ils se nomment, proposent ainsi une vingtaine de magasins d'usine (Nike, Levi's, Banana Republic, H&M, Gap, Guess…) et une dizaine de commerces pour se restaurer. Pour l'heure, on ne peut pas dire que le succès soit vraiment au rendez-vous, au vu du peu d'enseignes présentes, mais la situation exceptionnelle de ces *outlets* peut tout à fait motiver le programme d'une journée à Staten Island : départ le matin de Whitehall Terminal, croisière gratuite de 25 minutes, shopping dans les *outlets*, repas avec vue sur la *skyline* et, pour finir, une jolie balade pour découvrir St. George (cf. p. 149).
Avouez que ça donne tout de suite plus envie que de faire 1h30 de route pour aller à Woodbury !

Pour plus d'infos sur les *outlets* :
Jersey Gardens : **go-ny.fr/jersey** | Woodbury : **go-ny.fr/woodbury** | Empire Outlets : **go-ny.fr/empire**

CALENDRIER DES SOLDES

Quand ?	Durée	Soldes
Février - du vendredi au 3e lundi	4 jours	Presidents Day Sale
Mai - du vendredi au dernier lundi	4 jours	Memorial Day Weekend Sale
Juillet - du 2 au 5 (en général)	4-5 jours	July 4th Summer Sale
Aout - du jeudi au 1er lundi	5 jours	Back-To-School / Fall Preview Sale
Sept. - du ven. au dim. précédent le 1er lundi	3 jours	Labor Day Weekend Sale
Octobre - du vendredi au 2e lundi	4 jours	Columbus Day Weekend Sale
Novembre - soirée et nuit du 4e jeudi au ven.	1 nuit	Thanksgiving Eve
Novembre - le 4e vendredi	1 jour	Black Friday
Nov. / Déc. - le weekend suivant Thanksgiving	2 jours	After Thanksgiving Weekend Sale
Déc. / Jan. - du 26 décembre à début janvier	8-10 jours	After Holiday Sale

CORRESPONDANCES DES TAILLES/POINTURES

Pour trouver un vêtement ou des chaussures à votre taille, utilisez les équivalences ci-dessous.

Chaussures

France	USA Bébé	USA Enfant	USA Femme	USA Homme
17	2			
18	2,5			
19	3,5			
20	4,5			
21	5			
22	6			
23	6,5			
24	7,5			
25	8			
26		9,5		
27		10,5		
28		11		
29		12		
30		12,5		
31		13		
32		1,5		
33		2		
34		3		
35		3,5	4	
36		4,5	5	
37		5	5,5	
38		6,5	6,5	
39		7	7,5	6
40			8	7
41			9	8
42			9,5	8,5
43			10,5	9,5
44				10
45				11
46				11,5
47				12,5
48				13,5

Pantalons

France	USA Femme	USA Homme
34	4	24
35	5	25
36	6	26
37	7	27
38	8	28
39	9	29
40	10	30
41	11	31
42	12	32
43	13	33
44	14	34
45	15	35
46	16	36
47	17	37
48	18	38
49	19	39
50	20	40

Lingerie*

France	USA
80	30
85	32
90	34
95	36
100	38
105	40
110	42
115	44
120	46
125	48
130	50
135	52
140	54
145	56
150	58

* Soutiens-gorge (tour de poitrine)

Hauts (teeshirts, chemises, vestes…)

Comme en France, les hauts sont souvent étiquetés avec des tailles universelles :

XXS = *Extra Extra Small* (très très petite taille)
XS = *Extra Small* (très petite taille)
S = *Small* (petite taille)
M = *Medium* (taille moyenne)
L = *Large* (grande taille)
XL = *Extra Large* (très grande taille)
XXL = *Extra Extra Large* (très très grande taille)

Les Américains ont tendance à tailler un peu au-dessus de la norme. Si vous avez l'habitude de porter du L en France, il se peut qu'un M vous suffise aux USA. Je vous conseille donc de toujours essayer les articles avant de les acheter.

Jupes / Robes

FRANCE	32	34	36	38	40	42	44	46
USA	0	2	4	6	8	10	12	14

Ces informations sont données à titre indicatif, les tailles pouvant varier d'une marque à l'autre.

New York avec un bébé

Partir à New York avec son bébé implique de bien préparer son voyage mais aussi de bien s'organiser sur place !

Bébé dans l'avion…

Au moment de réserver votre vol, pensez à vérifier que l'avion est équipé de nacelles pour faire dormir les bébés. Je ne souhaite en effet à personne de devoir passer 8h avec bébé dans les bras, tandis que le passager de devant abaisse négligemment le dossier de son fauteuil pour dormir !

Autre point à vérifier en amont : si vous partez en couple, assurez-vous que la compagnie aérienne vous a placés côte à côte (selon les compagnies, cela ne coule pas forcément de source !).

Ensuite, il faut prévoir tout ce dont vous aurez besoin durant le vol et même un peu plus (en cas de retard au départ) : si vous nourrissez votre bébé au biberon, veillez à remplir les biberons d'eau avant de partir, prenez suffisamment de petits pots et de poudre de lait, une tenue confortable et chaude (car la climatisation est souvent forte dans les avions) et au moins deux rechanges, au cas où…

Sachez que non seulement bébé voyage gratuitement (jusqu'à ses 2 ans), mais qu'il a aussi droit à un bagage en cabine (12 kg max.), un bagage en soute (15 kg max.), une poussette et/ou un lit parapluie.

D'ailleurs, certains modèles de poussette sont acceptés en cabine (la Babyzen Yoyo, par exemple).

Enfin, lors des phases de décollage et d'atterrissage, pensez à préserver les oreilles de bébé en le faisant boire ou en vous assurant qu'il garde sa sucette à la bouche.

Bébé à New York…

- Le décalage horaire :

Les 6h de décalage se feront sentir pour tout le monde, mais il se peut que bébé y soit plus sensible que vous. Lorsque j'ai emmené mon petit Marius (alors âgé de 7 mois) à New York, il lui a fallu pas moins de 5 jours pour retrouver un rythme de sommeil et de repas normal. Au retour, il a mis une semaine à s'en remettre !

Autant vous dire que si vous partez 7 ou 8 jours, vous n'en avez pas fini avec le décalage horaire !

- Les déplacements :

Vous avez deux options : le porte-bébé ou la poussette.

Le porte-bébé a l'avantage de ne pas être encombrant : il prend peu de place, laisse vos mains libres, vous permet de monter et descendre facilement les escaliers… En revanche, il faut garder à l'esprit que vous devrez porter bébé plusieurs heures par jour, ce qui à la longue pourrait s'avérer épuisant !

De son côté, la poussette n'est pas très pratique dans les transports en commun, notamment le métro dont les stations ne sont pas toujours équipées d'escalators et/ou d'ascenseurs, mais elle permet de transporter les affaires de bébé et de se balader sans se fatiguer !

En définitive, le choix le plus judicieux est peut-être de prendre les deux, et décider d'utiliser l'un ou l'autre en fonction des activités et du programme de la journée.

- La nourriture / les couches :

Selon la durée de votre séjour, il se peut que vous veniez à manquer de couches et/ou de petits pots. Heureusement, il existe à New York plusieurs magasins qui proposent de très bons produits pour bébé : Whole Foods Market (mon préféré), Food Emporium, Trader Joe's ou encore Target.

Quelles activités pour bébé à New York ?

Vous pourrez faire avec bébé la plupart des activités touristiques : balades, visites de musées, croisières, tours en hélico, shopping… Il n'y a guère que la montée dans la couronne de la statue de la Liberté qui sera interdite à votre bébé (il faut mesurer plus d'1,20 m), et bien évidemment les bars, night-clubs…

Notez que certains musées interdisent les poussettes, c'est notamment le cas de The Frick Collection. Pensez donc à vérifier ce point avant de vous rendre au musée.

Et si comme moi vous voulez profiter d'une soirée en amoureux ou entre amis, n'hésitez pas à faire appel aux services d'une babysitteuse française : go-ny.fr/**babysitting**

Conclusion : bon plan de partir avec son bébé ou pas ?

Si vous ne partez que 7 ou 8 jours et qu'il s'agit de votre premier voyage à New York, je vous conseille de laisser votre bébé à ses grands-parents (à supposer que cela soit possible, évidemment). Vous pourrez alors profiter pleinement de votre voyage : visiter la ville à votre rythme, assister à des spectacles ou des concerts et vous divertir dans des bars ou des clubs… tout en sachant que votre bébé est entre de bonnes mains !
Si vous êtes en couple, vous pourriez même envisager ce voyage comme une excellente occasion de "vous retrouver" (je suis sûr que tous les jeunes parents me comprendront !).
Avec bébé, le voyage sera forcément différent, il s'organisera en fonction de ses cycles de sommeil (lesquels seront perturbés par le décalage horaire) et de toutes les conditions nécessaires à son bienêtre. Inutile de vous dire que ce ne sera pas de tout repos, et je parle en connaissance de cause !
C'est pourquoi je pense qu'il est plus raisonnable d'emmener bébé dans le cadre d'un deuxième ou troisième voyage à New York, lorsque vous avez déjà une bonne connaissance de la ville et que vous avez fait le tour de ses principales attractions. Idéalement, lors d'un voyage d'au moins 15 jours (en-deçà, bébé n'a pas vraiment le temps de s'acclimater), une durée qui vous permettra de prendre votre temps et de respecter le rythme de bébé, lequel n'apparaitra plus comme un frein ou une source de frustration…
Pour finir, au-delà des considérations pratiques, la question d'emmener ou pas son bébé reste bien évidemment très personnelle. Ce n'est pas une décision facile à prendre. J'espère néanmoins que ces quelques conseils vous y aideront.

New York avec un enfant/ado

Contrairement à bébé qui n'aura aucun souvenir de New York, votre enfant ou ado a toutes les chances de garder un souvenir impérissable de la Grosse Pomme ! Et la meilleure façon de s'en assurer, c'est de le rendre un minimum acteur de son voyage, en lui demandant ce dont il a envie, en lui proposant de participer à l'élaboration du planning, au choix des visites, des attractions, etc. Il ne s'agit pas de céder à tous ses caprices, naturellement, mais de l'impliquer un tant soit peu dans la préparation du voyage. Il n'en sera que plus heureux une fois sur place !

Les restrictions liées à l'âge

Aux États-Unis, les débits de boissons (bars, *rooftop bars*, *speakeasies*…) sont interdits aux jeunes de moins de 21 ans, même si ces derniers sont accompagnés de leurs parents. La loi étant appliquée au pied de la lettre, je vous déconseille d'essayer de négocier un passe-droit.
Naturellement, vous pourrez aller au restaurant, mais aussi dans un certain nombre de clubs de jazz qui autorisent la présence des mineurs, tels que le Blue Note Jazz Club (à condition que les mineurs soient assis à une table), le Ginny's Supper Club (lors des diners et des spectacles payants, mais pas au bar après 23h), ou encore le Cellar Dog (si accompagnés d'un parent après 18h)… Pour plus d'infos : go-ny.fr/jazz
Si vous tenez à entrer dans un *rooftop bar* (bar situé sur le toit-terrasse d'un immeuble), allez-y dans l'après-midi. La présence des mineurs est généralement tolérée jusqu'en début de soirée (vers 18h). Le weekend, il est aussi possible de prendre un brunch en famille dans certains de ces bars. C'est par exemple le cas du 230 Fifth (entre 10h et 16h), sachant que ce dernier offre une vue spectaculaire sur l'Empire State Building !

La tentation des fastfoods (voir aussi p. 23 § Alimentation)

Ne cédez pas à la facilité en allant tous les jours dans des fastfoods. New York compte un nombre incalculable de petits restaurants et propose des spécialités culinaires du monde entier. Il serait dommage de ne pas en profiter pour faire découvrir à votre enfant de nouvelles saveurs, sachant que s'il rechigne à manger des choses nouvelles, vous trouverez sur la plupart des menus au moins un burger maison, cuisiné comme un vrai plat !

Les aires de jeux pour enfants

Si vos enfants sont jeunes et ont de l'énergie à revendre, sans doute avez-vous l'habitude des les emmener dans des aires de jeux (en plein air). Sachez donc que New York n'en manque pas et que certaines d'entre elles sont aménagées de façon très originale. Je pense par exemple aux énormes structures du Domino Park, à Williamsburg, ou encore aux différents jeux d'eau du Water Lab, à Brooklyn Heights…

Ne soyez pas surpris de trouver des jouets abandonnés ici ou là, ce sont souvent des jouets auxquels des locaux ont souhaité donner une deuxième vie en les laissant ainsi à la disposition des enfants (d'ailleurs, lorsque je suis à New York, mon petit Marius ne s'y trompe pas et en fait toujours bon usage !).

Pour localiser les principales aires de jeux : go-ny.fr/**playgrounds**

Les musées

Les enfants ont généralement une mauvaise image des musées, ils les associent à d'interminables et austères visites au cours desquelles il n'y a pas ou peu d'interaction. Charge à vous de les convaincre du contraire !
Premièrement, sélectionnez des musées susceptibles de leur plaire, comme le musée américain d'Histoire naturelle qui a servi de décor à la célèbre saga *La Nuit au musée* ! Ils seront impressionnés par les fossiles de dinosaures et les nombreux dioramas que propose le musée, tous plus vrais que nature !
Deuxièmement, il ne faut pas leur imposer des visites trop longues, ce qui suppose de choisir dès le départ les parties que vous avez envie de voir. Par exemple, au Metropolitan Museum of Art (MET), il serait vain de vouloir tout visiter dans le détail, cela vous prendrait deux jours ! Au lieu de quoi je vous conseille de cibler les collections qui plairont le plus à vos enfants, comme la magnifique aile consacrée à l'Égypte antique et ses reconstitutions monumentales !
Pour finir, laissez la magie opérer : certains musées que j'avais trouvés vieillots et peu enthousiasmants lorsque je les avais visités seul ont littéralement emballé mon petit Marius. Preuve que ce sont bien nos enfants, en fin de compte, qui servent de baromètre !

Voici un tableau qui vous aidera à orienter vos choix en fonction de l'âge de vos enfants, tout en tenant compte des intérêts qui leur sont propres et que vous seuls connaissez.

Légende : ✋ Passez votre chemin 👍 Cela pourrait l'intéresser 👍👍 Il aimera surement 👍👍👍 Il va adorer !

Musée	1-2 ans	3-5 ans	6-8 ans	9-11 ans	12-18 ans
Tisch Children's Zoo (Zoo de Central Park)	👍👍👍	👍👍👍	👍👍	👍	👍
Children's Museum of Manhattan, Brooklyn, Staten Isl.	👍👍	👍👍👍	👍👍	✋	✋
Zoo de Central Park	👍	👍👍👍	👍👍👍	👍👍👍	👍👍👍
Zoo du Bronx	👍	👍👍👍	👍👍👍	👍👍👍	👍👍👍
Children's Museum of the Arts	✋	👍👍👍	👍👍👍	👍👍👍	👍👍
DiMenna Children's History Museum	✋	👍👍👍	👍👍👍	👍👍	👍
Ripley's Believe It or Not!	✋	👍👍	👍👍	👍👍👍	👍👍👍
Madame Tussauds	✋	👍👍	👍👍	👍👍	👍👍👍
Le musée américain d'Histoire naturelle	✋	👍👍	👍👍	👍👍	👍👍👍
Intrepid Sea, Air & Space Museum	✋	👍👍	👍👍	👍👍	👍👍
New York Hall of Science	✋	👍👍	👍👍	👍👍	👍
Jardins botaniques de New York (Bronx) et de Brooklyn	✋	👍👍	👍👍	👍👍	👍
Gulliver's Gate	✋	👍👍	👍👍	👍👍	👍
Museum of the Moving Image	✋	👍	👍👍	👍👍	👍👍👍
Le musée des Illusions (Museum of Illusions)	✋	👍	👍👍	👍👍	👍👍👍
Le musée des Pompiers (New York City Fire Museum)	✋	👍	👍👍	👍👍	👍👍
The Metropolitan Museum of Art (MET)	✋	👍	👍	👍👍	👍👍
Museum of Modern Art (MoMA)	✋	👍	👍	👍👍	👍👍
ARTECHOUSE	✋	👍	👍	👍👍	👍👍
Le musée Solomon R. Guggenheim	✋	👍	👍	👍	👍
Whitney Museum of American Art	✋	👍	👍	👍	👍
The Museum of Food and Drink (MOFAD)	✋	✋	✋	👍	👍

Pour plus d'infos : go-ny.fr/**enfants**

Les autres attractions et lieux à visiter

Voici une liste non exhaustive d'activités et de sites susceptibles d'intéresser vos enfants/ados.

		Informations	Adresse/lieu
ATTRACTIONS	Spectacle à Broadway	go-ny.fr/broadway	N/A
	Tour en bus Hop-On Hop-Off	go-ny.fr/tours-bus	N/A
	Tour en hélicoptère	go-ny.fr/tours-helico	DT Manhattan Heliport (Pier 6)
	Statue de la Liberté et Ellis Island	go-ny.fr/liberty	Liberty Island et Ellis Island
	Empire State Building	go-ny.fr/esb	20 W 34th Street
	Top of the Rock	go-ny.fr/the-rock	30 Rockefeller Plaza
	One World Observatory	go-ny.fr/owo	285 Fulton Street
	Match de basketball (NBA)	go-ny.fr/basket	MSG ou Barclays Center
	Match de baseball (MLB)	go-ny.fr/baseball	Yankee Stadium ou Citi Field
	Match de football américain (NFL)	go-ny.fr/foot-us	MetLife Stadium (New Jersey)
LIEUX À VISITER	Times Square	go-ny.fr/times-square	Manhattan (Midtown)
	Central Park	go-ny.fr/central-park	Manhattan
	High Line	go-ny.fr/highline	Manhattan (Chelsea)
	Chelsea Market	go-ny.fr/chelsea-market	75 9th Avenue
	Street art à Bushwick	go-ny.fr/streetart	Brooklyn
	Skatepark	go-ny.fr/skatepark	Plusieurs adresses

Les gratuités pour enfants

Le métro, le bus et le NYC Ferry sont gratuits pour les enfants mesurant moins de 110 cm.

La plupart des musées offrent l'entrée aux jeunes enfants. La limite d'âge variant en fonction des musées, il se peut que vous deviez faire un petit calcul pour savoir si le fait d'acheter un pass culturel (cf. p. 53) pour vos enfants est intéressant ou non.

Exemple pour les attractions incluses dans le New York CityPASS :

Attraction	Gratuit pour les moins de
Le musée Salomon R. Guggenheim	12 ans
Mémorial et musée du 11-Septembre	7 ans
Empire State Building	6 ans
Top of the Rock	6 ans
Statue de la Liberté et Ellis Island	4 ans
Croisière Circle Line	3 ans
Intrepid Sea, Air & Space Museum	3 ans
Le musée américain d'Histoire naturelle	2 ans

La poussette

Qu'en est-il de l'intérêt de la poussette lorsqu'on a un enfant de 4 ou 5 ans ?
D'après mon expérience, un enfant de 4 ou 5 ans peut marcher une bonne demi-journée sans trop se fatiguer. Mais je me garderai bien de généraliser, car on ne connait jamais vraiment que ses propres enfants, et ce qui est vrai pour les siens ne l'est pas forcément pour les autres…
Ce qui est sûr, en revanche, c'est qu'en milieu ou fin de journée, la poussette pourra être un vrai réconfort pour votre bout de chou. Il s'y reposera sans vous ralentir et sans que vous ayez besoin de le porter dans les bras ou sur les épaules. Et qu'importe s'il semble un peu grand pour être dans une poussette !

Information

New York pour les nuls en anglais

Je comprends que la barrière de la langue puisse être un frein au voyage, mais cela ne saurait être une raison suffisante pour se refuser le droit d'aller à New York!
D'une part, il faut savoir que les New-Yorkais sont très accueillants : nombreux sont ceux qui vous proposeront spontanément leur aide s'ils sentent que vous êtes perdu. D'autre part, vous verrez que, dans la plupart des situations courantes, quelques mots suffisent souvent à se faire comprendre. Et lorsque les mots viennent à manquer, il reste encore le langage des gestes… Même si ce dernier peut sembler cocasse, il n'en demeure pas moins universel! Bref, j'essaie juste de dire à ceux d'entre vous qui s'angoissent à l'idée de ne pas pouvoir se faire comprendre que rien ne compte davantage que **l'envie d'échanger**!

Vous trouverez ci-après quelques conseils pratiques et un guide de conversation qui, je l'espère, vous aideront à mieux vivre vos difficultés à communiquer en anglais.

Pour ne pas (trop) se sentir perdu à New York

Pour gagner en assurance et en autonomie une fois sur place, je vous conseille de bien préparer votre séjour en amont, car c'est toujours plus facile, lorsqu'on ne maitrise pas la langue de Shakespeare, de savoir au moins où l'on va! En particulier, notez sur votre téléphone ou un carnet les différentes adresses de votre séjour.
En cas de nécessité, il vous sera ainsi facile de les présenter à un passant afin qu'il vous indique la direction à prendre, ou à un chauffeur de taxi pour qu'il vous conduise à bon port…

Pour téléphoner (ou éviter d'avoir à téléphoner)

Si vous êtes dans l'obligation de passer un coup de fil (par exemple pour confirmer la réservation de votre *shuttle* ou celle de votre tour en hélico), le bon plan est de demander au réceptionniste de votre hôtel de bien vouloir le faire à votre place. Il vous sera en effet plus facile d'expliquer à ce dernier ce que vous voulez, en lui présentant votre voucher et le numéro à appeler, que d'essayer de le faire à distance avec un inconnu.
Pensez à laisser au réceptionniste un pourboire (sur le moment ou le jour de votre départ).
Si vous logez en appartement et que personne ne peut vous rendre ce service, préparez à l'avance les phrases clés de votre appel, en anticipant si possible les questions auxquelles vous pourriez devoir répondre. N'hésitez pas à demander à votre interlocuteur de parler doucement et de répéter ou reformuler ses phrases, le cas échéant. Dites-vous qu'il est aussi dans l'intérêt de votre interlocuteur de bien se faire comprendre!

Pour échanger avec des francophones

- Voyagez avec Air France
- Logez au Sofitel (il y a toujours un ou plusieurs employés francophones)
- Fréquentez les bars et restos français (OCabanon, Bar Tabac, Amélie Wine Bar, Vin sur Vingt…)
- Faites du shopping chez OMG Jeans (il y a souvent un vendeur francophone)
- Participez aux apéros BPVNY (tous les mardis soir à la Cave à Manger OCabanon, 245 W 29th Street)
- Inscrivez-vous aux visites guidées *New York en français* (go-ny.fr/**visites-guidees**)

Pour comprendre le menu (au restaurant)

Le plus simple est de se rendre dans un restaurant touristique, en particulier dans le quartier de Midtown, près de Times Square. Les menus sont en effet traduits en plusieurs langues dont le français. Le revers de la médaille étant que les restaurants les plus touristiques sont rarement ceux qui proposent la meilleure cuisine.

Pour entrer dans les musées/attractions sans souffler un mot d'anglais

Si vous possédez un pass touristique comme le New York CityPASS (go-ny.fr/**nycpass**) ou le New York Pass (go-ny.fr/**nypass**), il vous suffit de le présenter au guichetier des musées et attractions inclus dans le pass. Il se chargera de valider votre entrée sans que vous ayez besoin de lui dire autre chose que "hello" et "thank you!".

Les bases

Bonjour	*Good morning*	Comment ?	*How?*
Bon après-midi	*Good afternoon*	Combien ?	*How much/many?*
Bonsoir	*Good evening*	Quel/Quelle ?	*Which?*
Bonne nuit	*Good night*	Qui ?	*Who?*
Au revoir	*Goodbye*	Pourquoi ?	*Why?*
À bientôt	*See you soon*	Qu'est-ce que c'est ?	*What is it?*
À plus tard	*See you later*	Comment allez-vous ?	*How are you?*
S'il vous plait	*Please*	Bien, merci	*Fine, thank you*
Merci (beaucoup)	*Thank you (so much)*	Comment vous appelez-vous ?	*What's your name?*
De rien	*You're welcome*	Mon nom est…	*My name is…*
Pardon/Désolé	*Sorry*	Je suis français	*I'm French*
Je suis vraiment désolé	*I'm so sorry*	Bon voyage !	*Have a good trip!*
Désolé, je suis en retard	*Sorry, I'm late*	Amusez-vous bien !	*Have fun!*
Un instant, s'il vous plait	*One moment, please*	Bonne chance !	*Good luck!*
Où ?	*Where?*	Je voudrais…	*I would like…*
Quand ?	*When?*	Je cherche…	*I'm looking for…*
Quoi ?	*What?*	C'est combien ?	*How much is it?*

En cas d'urgence

J'ai besoin d'aide !	*I need help!*
C'est une urgence !	*It's an emergency!*
Je suis blessé !	*I'm hurt!*
Attention !	*Watch out!*
Au secours ! Au voleur !	*Help! Stop thief!*
Appeler un médecin !	*Call a doctor!*
Appeler une ambulance !	*Call an ambulance!*
Où est l'hôpital ?	*Where is the hospital?*
Appelez la police !	*Call the police!*
Où est le commissariat ?	*Where is the police station?*
J'ai besoin d'un interprète	*I need an interpreter*
Je suis perdu(e)	*I'm lost*
J'ai perdu mon portefeuille	*I've lost my wallet*
J'ai perdu ma carte de crédit	*I've lost my credit card*
J'ai perdu mes clés	*I've lost my keys*

Les chiffres

1	*One*	16	*Sixteen*
2	*Two*	17	*Seventeen*
3	*Three*	18	*Eighteen*
4	*Four*	19	*Nineteen*
5	*Five*	20	*Twenty*
6	*Six*	21	*Twenty one*
7	*Seven*	30	*Thirty*
8	*Eight*	40	*Forty*
9	*Nine*	50	*Fifty*
10	*Ten*	60	*Sixty*
11	*Eleven*	70	*Seventy*
12	*Twelve*	80	*Eighty*
13	*Thirteen*	90	*Ninety*
14	*Fourteen*	100	*One hundred*
15	*Fifteen*	1000	*One thousand*

Le temps

Lundi	*Monday*	Janvier	*January*	Septembre	*September*	Matin	*Morning*
Mardi	*Tuesday*	Février	*February*	Octobre	*October*	Midi	*Noon*
Mercredi	*Wednesday*	Mars	*March*	Novembre	*November*	Après-midi	*Afternoon*
Jeudi	*Thursday*	Avril	*April*	Décembre	*December*	Soir	*Evening*
Vendredi	*Friday*	Mai	*May*	Année	*Year*	Nuit	*Night*
Samedi	*Saturday*	Juin	*June*	Hier	*Yesterday*	Petit déjeuner	*Breakfast*
Dimanche	*Sunday*	Juillet	*July*	Aujourd'hui	*Today*	Déjeuner	*Lunch*
Semaine	*Week*	Aout	*August*	Demain	*Tomorrow*	Diner	*Dinner*

Discussion avec un Américain

Je ne sais pas	*I don't know*
Je ne comprends pas	*I don't understand*
Désolé, je n'ai pas compris	*Sorry, I didn't understand*
Pourriez-vous parler plus lentement ?	*Could you speak more slowly?*
Pourriez-vous parler plus fort ?	*Could you speak up?*
Pourriez-vous l'épeler, s'il vous plait ?	*Could you spell that out, please?*
Pourriez-vous me l'écrire, s'il vous plait ?	*Could you write that for me, please?*
Qu'avez-vous dit ?	*What did you say?*
Je n'ai pas entendu ce que vous avez dit	*I didn't hear what you said*
Qu'est-ce que cela veut dire ?	*What does this mean?*
Puis-je vous poser une question ?	*May I ask you a question?*
Parlez-vous français ?	*Do you speak French?*
Je ne parle pas anglais	*I don't speak English*
Pouvez-vous nous prendre en photo ?	*Could you take a picture of us?*
D'où venez-vous ?	*Where are you from?*
Ravi(e) de vous connaitre	*Nice to meet you*
Quel est le meilleur endroit pour prendre un verre ?	*Where is the best place to have a drink?*
Quel est le meilleur endroit pour manger ?	*Where is the best place to eat?*
Où est-ce que tu aimes faire les magasins ?	*Where do you like to shop?*

Dans la rue

Pouvez-vous m'indiquer le chemin de… ?	*Can you show me the way to…?*
À gauche	*To the left*
À droite	*To the right*
Tout droit	*Straight ahead*
Où est la station de métro la plus proche ?	*Where is the nearest subway station?*
Où puis-je trouver un taxi ?	*Where can I find a cab (taxi)?*
Où puis-je avoir du Wi-Fi gratuit ?	*Where can I get free Wi-Fi?*
Où se trouve le distributeur le plus proche ?	*Where is the nearest ATM?*
Où est-ce que je peux trouver une banque ?	*Where can I find a bank?*
Où est-ce que je peux trouver une boite aux lettres ?	*Where can I find a mailbox?*
Où est-ce que je peux acheter des timbres ?	*Where can I buy stamps?*

À l'hôtel

J'ai réservé une chambre dans votre hôtel	*I booked a room in your hotel*
Est-ce que le petit déjeuner est inclus ?	*Is breakfast included?*
Disposez-vous du Wi-Fi ?	*Do you have Wi-Fi?*
Quel est le mot de passe du Wi-Fi ?	*What's the Wi-Fi password?*
Pourrais-je avoir une serviette supplémentaire ?	*Could I have another towel?*
La climatisation ne fonctionne pas	*The air conditioning doesn't work*
Le chauffage ne fonctionne pas	*The heating doesn't work*
Il n'y a plus de papier toilette	*There is no more toilet paper*
La clé de la 12 (douze), s'il vous plait !	*The key for room 12 (twelve), please!*
Je voudrais régler la note	*I'd like to check out*

Dans un magasin, un bar ou un restaurant

Je peux regarder ?	*Is it ok if I look around?*
Puis-je l'essayer ?	*Can I try it on?*
Où sont les cabines d'essayage ?	*Where are the fitting rooms?*
Où puis-je trouver un miroir ?	*Where can I find a mirror?*
Cela ne me va pas	*This one doesn't fit*
Avez-vous la taille au-dessus ?	*Do you have a larger size?*
Avez-vous la taille au-dessous ?	*Do you have a smaller size?*
Cela ouvre/ferme à quelle heure ?	*What time does it open/close?*
Puis-je payer avec une carte de crédit ?	*Can I pay with a credit card?*
Combien ça coute ?	*How much is it?*
Pourriez-vous écrire le prix ?	*Could you write down the price?*
Pourriez-vous me l'emballer ?	*Could you wrap it for me?*
Pourrais-je avoir un sac, s'il vous plait ?	*Could I have a bag, please?*
Puis-je avoir une remise ?	*Can I get a discount?*
C'est cher/bon marché	*It's expensive/cheap*
Puis-je avoir un reçu/une facture ?	*Can I have a receipt?*
Faut-il que je paie en espèces ?	*Do I have to pay in cash?*
Je vais payer en espèces	*I'll pay cash*
Avez-vous une table de libre ?	*Do you have a table for us?*
Une table pour deux, s'il vous plait !	*A table for two, please!*
Pouvez-vous nous réserver une table ?	*Can you reserve a table for us?*
La carte, s'il vous plait !	*The menu, please!*
La carte des vins, s'il vous plait !	*The wine list, please!*
Quel est le menu du jour ?	*What's the special of the day?*
Qu'est-ce que vous me conseillez ?	*What would you recommend?*
Nous aimerions commander	*We are ready to order*
L'addition, s'il vous plait !	*The check, please!*
Avez-vous des plats végétariens ?	*Do you have any vegetarian dishes?*
Pourrions-nous avoir du pain/de l'eau ?	*Could we have some bread/water?*
Avez-vous du sel et du poivre ?	*Do you have salt and pepper?*
Pourrais-je avoir une serviette/une paille ?	*Could I get a napkin/a straw?*
Quelles bières avez-vous en pression ?	*What beers do you have on tap?*
Quel est le meilleur cocktail ?	*Which is the best cocktail?*
Je ne veux pas de glaçons	*I don't want ice*

Le pourboire	*The tip/the gratuity*	Eau	*Water*
Je suis végétarien	*I'm vegetarian*	Eau plate/pétillante	*Still/Sparkling water*
Je suis végétalien	*I'm vegan*	Eau du robinet	*Tap water*
Œufs	*Eggs*	Eau minérale	*Mineral water*
Frites	*French fries*	Eau en bouteille	*Bottled water*
Pain	*Bread*	Vin	*Wine*
Fromage	*Cheese*	Vin rouge/blanc	*Red/White wine*
Légume	*Vegetable*	Café/Lait	*Coffee/Milk*

À la pharmacie ou chez le médecin

Je suis malade	*I'm ill*
J'ai mal à la tête	*I have a headache*
J'ai des vertiges	*I feel dizzy*
J'ai la tête qui tourne	*My head is spinning*
J'ai du mal à respirer	*I have trouble breathing*
J'ai mal au cœur	*I feel nauseous*
J'ai des vomissements	*I've vomited*
J'ai des palpitations	*I have palpitations*
J'ai de la fièvre	*I have a fever*
J'ai mal à la gorge	*I have a sore throat*
J'ai mal aux dents	*I have a toothache*
J'ai mal à l'oreille	*My ear hurts*
J'ai mal au dos	*My back hurts*
J'ai mal à la jambe	*My leg hurts*
J'ai mal au bras	*My arm hurts*
Je ne peux rien avaler	*I can't eat anything*
Je tousse sans arrêt	*I'm coughing all the time*
C'est une toux sèche	*It's a dry cough*
C'est une toux grasse	*It's not a dry cough*
J'ai très mal	*I feel a great pain*
Je me sens très faible	*I feel very weak*
J'ai mal au ventre	*I have a stomach ache*
Je crois que j'ai la grippe	*I think I have flu*
Je crois que j'ai un rhume	*I think I have a cold*
Je suis diabétique	*I'm a diabetic*
Je suis cardiaque	*I have a heart condition*
Je suis enceinte	*I'm pregnant*
Je suis tombé	*I fell down*

Je crois que j'ai une gastro-entérite	*I think I have gastroenteritis*
Avez-vous un remède contre le mal de tête ?	*Do you have something for a headache?*
Avez-vous un remède contre le rhume des foins ?	*Do you have something for hay fever?*
Avez-vous un remède contre la diarrhée ?	*Do you have something for diarrhea?*
Je suis allergique à la pénicilline	*I'm allergic to penicillin*
La consultation ouvre à quelle heure ?	*When is the doctor's office open?*
Je dois aller d'urgence chez un médecin	*I urgently need a doctor*
Je dois aller d'urgence chez un dentiste	*I urgently need a dentist*

Dans les transports en commun / Dans un taxi

Aller simple	*One-way*
Aller-retour	*Round-trip*
Où puis-je acheter un ticket ?	*Where can I buy a ticket?*
Je voudrais un ticket pour…	*I'd like to have a ticket to…*
Combien coute un ticket ?	*How much is a ticket?*
Ce bus/train va-t-il à… ?	*Is this bus/train to… ?*
À quelle heure y a-t-il un bus/train pour… ?	*At what time is there a bus/train to… ?*
Cette place est-elle prise ?	*Is this seat taken?*
Quel numéro dois-je prendre ?	*Which number do I take?*
Quand arrive le prochain ?	*When is the next one coming?*
Où est la station de métro ?	*Where is the subway station?*
De quel quai part le métro X ?	*From which platform is the subway X leaving?*
Le train est-il retardé ?	*Is the train delayed?*
Pourriez-vous me dire comment aller à la gare ?	*Could you tell me how to get to the station?*
Pourriez-vous me conduire à cette adresse ?	*Could you bring me to this address?*
Quel est le montant de la course ?	*How much for the drive?*
Pourriez-vous ralentir un peu, s'il vous plait ?	*Could you slow down, please?*
À l'aéroport, s'il vous plait !	*To the airport, please!*
Gardez la monnaie !	*Keep the change!*

Au spectacle

Cela commence à quelle heure ?	*What time does it start?*
Combien de temps dure le spectacle ?	*How long is the show?*
Cela finit à quelle heure ?	*What time does it end?*
Où est mon siège ?	*Where is my seat?*
Où sont les toilettes ?	*Where is the restroom?*
Y a-t-il un entracte ?	*Is there an intermission?*

La météo

Quel temps va-t-il faire aujourd'hui ?	*What will the weather be like today?*
Il fait beau aujourd'hui	*It's a nice day today*
Y aura-t-il du soleil dans les jours qui viennent ?	*Will it be sunny over the next few days?*
Il fait froid/chaud	*It's cold/warm*
Il pleut	*It's raining*
C'est nuageux aujourd'hui ?	*Is it cloudy today?*
Il neige	*It's snowing*

Dans l'avion

Nous voudrions être assis l'un à côté de l'autre	*We would like to sit next to each other*
Je voudrais un siège côté fenêtre	*I'd like a seat by the window*
Je voudrais un siège côté couloir	*I'd like an aisle seat*
Ma valise a disparu !	*My suitcase has disappeared!*

La famille

Mon épouse	*My wife*	Ma grand-mère	*My grandmother*
Mon mari	*My husband*	Mon grand-père	*My grandfather*
Ma fille	*My daughter*	Ma petite amie	*My girlfriend*
Mon fils	*My son*	Mon petit ami	*My boyfriend*
Ma mère	*My mother*	Ma tante	*My aunt*
Mon père	*My father*	Mon oncle	*My uncle*

À réserver avant de partir

Une fois que votre planning est prêt (cf. p. 65), pensez aux réservations. Plus vous réserverez de services et d'activités en amont, moins vous aurez de stress et perdrez de temps une fois sur place (des files d'attente rapides, appelées *fast tracks*, sont souvent réservées aux porteurs de pass et vouchers).
Sans compter que vous ferez aussi des économies : Internet permet en effet de profiter de réductions et d'offres exclusives.

QUELLES SONT LES RÉSERVATIONS INDISPENSABLES ?

Dans l'absolu, en dehors de l'ESTA (Electronic System for Travel Authorization) qui est obligatoire pour voyager aux États-Unis (cf. p. 20), aucune réservation n'est indispensable.
Tout le monde s'accordera néanmoins à dire que deux autres réservations sont indispensables : **les billets d'avion** et **le logement**.

En effet, à moins d'être un voyageur solitaire et un baroudeur émérite, il est fortement déconseillé d'acheter ses billets d'avion à l'aéroport le jour du départ et de chercher un logement une fois rendu à New York.
D'une part, parce qu'il se peut que vous n'obteniez ni l'un ni l'autre, faute de place disponible, d'autre part, parce qu'il est possible que vous deviez payer beaucoup plus cher que de raison !

Ainsi, il vous faudra au minimum réserver :

Billets d'avion

Quand ? Le plus tôt possible, surtout en saison haute.

Où ? go-ny.fr/**avion**

Logement

Quand ? Le plus tôt possible après les billets d'avion.

Où ? go-ny.fr/**logement**

ESTA

Quand ? Au moins 7 jours avant le départ.

Où ? go-ny.fr/**esta**

QUELLES SONT LES RÉSERVATIONS IMPORTANTES ?

Voici les réservations qu'il est préférable de faire avant de partir :

Taxi privé (pour le transfert aéroport-logement)

Lorsque vous arriverez à New York, l'un des moyens les plus économiques de rallier votre logement sera de prendre taxi privé (si vous êtes au moins deux), et le moyen le plus sûr de vous assurer qu'un taxi privé vous attendra, c'est de le réserver avant de partir !

Quand ? Au moins 1 jour avant de partir.

Où ? go-ny.fr/**carmel-jfk** (depuis/vers JFK) ; go-ny.fr/**carmel-ewr** (depuis/vers Newark)

Limousine (pour le transfert aéroport-logement ou pour une balade dans New York)

Si vous souhaitez que votre rêve américain commence dès la sortie de l'aéroport, vous pouvez opter pour un transfert en limousine, avec musique et champagne ! Ce sera forcément moins économique que le taxi, le train ou le *shuttle*, mais ce sera incomparablement plus confortable et romantique !
Et si l'envie vous manque à la sortie de l'aéroport, peut-être vous laisserez-vous tenter par une balade en limo durant votre séjour…
Dans les deux cas, il vous faudra réserver.

Quand ? Environ 7 jours avant de partir pour un transfert ; 2 ou 3 jours avant pour une balade.

Où ? go-ny.fr/**limo**

Pass culturels

New York offre plus d'attractions et de lieux à visiter qu'aucune autre ville dans le monde, c'est bien sûr une chance pour tous ceux qui envisagent de s'y rendre, mais cela peut vite devenir un problème… pour le portefeuille!
Heureusement, la vie est bien faite : plusieurs pass vous permettront de faire un maximum de visites tout en réalisant de substantielles économies.
Ces pass donnent en effet accès aux meilleures attractions de New York pour un prix forfaitaire très avantageux (sous-entendu : par rapport au prix cumulé de ces mêmes attractions achetées séparément).
Chaque pass ayant ses spécificités, la question est finalement de savoir lequel répondra le mieux à vos attentes (car il va sans dire qu'acheter plusieurs pass serait un non-sens).

Le New York CityPASS

En un mot, le New York CityPASS, c'est une économie de 40 % sur le prix d'entrée de 5 des 8 attractions les plus populaires de New York!
Je recommande régulièrement ce pass : sa simplicité d'utilisation, les attractions auxquelles il donne accès et son rapport qualité-prix en font un pass idéal pour un premier séjour à New York.
Le pass est valable 9 jours à compter de la date de sa première utilisation. Ce qui veut dire que même si vous achetez votre pass plusieurs semaines à l'avance, sa durée de validité ne commencera à courir qu'à compter du jour où vous vous en servirez pour la première fois.

Les 8 attractions (dont 3 au choix) comprises dans le pass sont :

- L'Empire State Building
- Le musée américain d'Histoire naturelle
- Le musée Guggenheim ou le Top of the Rock (au choix)
- Une croisière Circle Line ou la statue de la Liberté et Ellis Island (au choix)
- Le 9/11 Memorial & Museum ou l'Intrepid Sea, Air & Space Museum (au choix)

Concernant les attractions au choix, si vous avez du mal à vous décider ou tout simplement pas envie de choisir entre deux attractions, alors utilisez le pass pour l'attraction la plus chère (à savoir la croisière, le Top of the Rock ou l'Intrepid) et achetez l'entrée restante séparément, cela vous fera faire des économies!
Enfin, sachez que pour les enfants de 5 ans ou moins, il n'est pas nécessaire d'acheter de pass car les entrées sont gratuites pour la plupart des attractions.

Le CityPASS existe aussi dans un format "à la carte", il s'agit du **New York C3**.
Ce dernier permet de choisir 3 attractions parmi celles du CityPASS auxquelles s'ajoutent les 3 suivantes :

- The Museum of Modern Art (MoMA)
- Une croisière touristique Hornblower
- Edge at Hudson Yards

Si vous avez un budget serré ou que vous ne restez à New York qu'un ou deux jours, le C3 peut être une bonne alternative, vu qu'il permet d'économiser jusqu'à 34 % sur les prix des entrées.
Si l'idée de composer soi-même son pass vous plait, mais que vous voulez pouvoir choisir un plus grand nombre d'attractions, tournez-vous vers le Sightseeing FLEX Pass ou l'Explorer Pass (cf. p. 54).

Quand? Quand vous voulez, étant donné que vous recevrez votre pass par e-mail (soit vous l'imprimez, soit vous le présentez directement sur votre smartphone). Je vous conseille néanmoins de l'acheter quelques jours avant votre départ sachant que, depuis la réouverture des frontières en novembre 2021, il est nécessaire d'effectuer une réservation pour accéder à certaines attractions.

Où? go-ny.fr/**nycpass**

LES PASS ILLIMITÉS

Ces pass s'adressent à ceux qui souhaitent voir et faire un maximum de choses à New York, sans être limités dans leurs choix et en ayant l'assurance de toujours trouver une activité qui matche avec l'humeur du moment ou le temps qu'il fait…

Le **New York SightSeeing DAY Pass** permet d'accéder à plus de 100 attractions et de faire jusqu'à 50 % d'économie sur le prix des entrées (lorsqu'on utilise le pass au moins 3 fois par jour). Le pass est valable 1, 2, 3, 4, 5, 6, 7 ou 10 jours selon la formule choisie, sachant que la durée de validité ne commence à courir qu'à compter du jour où vous l'utilisez pour la première fois (et non de la date d'achat du pass).

Même principe pour le **New York All-Inclusive Pass** (Go City®) qui ouvre les portes d'une centaine d'attractions et se décline dans des versions 1, 2, 3, 4, 5, 7 ou 10 jours.

Ces deux pass couvrent un très large éventail d'attractions pour un prix plus ou moins équivalent. L'un et l'autre ont toutefois l'exclusivité de certaines attractions, ce qui vous aidera peut-être à choisir entre les deux.

Quand ? Jusqu'au dernier moment puisque la livraison de ces pass se fait par e-mail. Dans les deux cas, le pass se matérialise par un code QR qui est scanné à l'entrée de chaque attraction. Attention toutefois, comme indiqué précédemment, il est nécessaire de réserver certaines attractions, donc je vous conseille d'acheter vos pass au moins quelques jours avant votre départ pour planifier vos visites.

Où ? go-ny.fr/**nypass**

LES PASS À LA CARTE

Si l'offre du New York CityPASS (cf. p. 53) ne vous convient pas et que celles des pass illimités sont surdimensionnées par rapport à vos besoins, sachez que vous avez la possibilité de créer votre propre pass ! Il existe en effet des pass à composer soi-même.

Avec le **New York SightSeeing FLEX Pass**, vous pouvez choisir 2, 3, 4, 5, 6, 7, 10 ou 12 attractions dans une sélection qui en propose plus de 100. Les économies réalisées avec ce pass peuvent aller jusqu'à 50 % en fonction des attractions choisies.

Avec le **New York Explorer Pass** (Go City®), vous êtes libre de choisir 2, 3, 4, 5, 6, 7 ou 10 attractions dans un catalogue qui en compte presque une centaine. Quelles que soient la formule et les attractions choisies, le pass vous permettra de réaliser une économie d'environ 40 % sur le tarif normal des entrées.

Ces deux pass sont valables 60 jours à compter de la date de leur première utilisation.

Quand ? Techniquement, quand vous voulez, mais, en les achetant suffisamment à l'avance, vous aurez plus de disponibilités pour les attractions à réserver.

Où ? go-ny.fr/**custompass**

EN CONCLUSION, QUEL PASS CHOISIR ?

Choisissez le **New York CityPASS** si : c'est votre premier voyage à New York ; vous souhaitez voir les incontournables ; vous partez entre 2 et 9 jours ; vous disposez d'un budget moyen.

Choisissez un **pass illimité** si : c'est votre énième voyage à New York ; vous souhaitez faire un maximum de visites et attractions en un minimum de temps ; vous disposez d'un budget moyen à confortable (selon la durée de validité choisie pour le pass).

Choisissez un **pass à la carte** si : vous avez une idée très précise du nombre et de la nature des activités que vous voulez faire à New York ; vous disposez d'un budget serré (peu d'activités choisies) à confortable (nombreuses activités choisies).

Survol de New York en hélico

Existe-t-il un meilleur endroit que le ciel pour contempler New York ? Laissez-moi réfléchir… Non, je ne pense pas ! Et ce point de vue, aussi spectaculaire que vertigineux, c'est à bord d'un hélicoptère que vous le trouverez. La principale question est : êtes-vous prêt pour ce pur moment d'adrénaline qui restera à jamais gravé dans votre mémoire ?
C'est un budget, certes, mais c'est le genre d'expérience qu'on ne fait qu'une fois dans sa vie !

Quand ? Quand vous voulez, mais plus vous réserverez tôt, plus vous aurez le choix des dates.

Où ? go-ny.fr/**tours-helico**

Tour en bus *Hop-On Hop-Off*

New York est une ville immense dont vous ne viendrez jamais à bout à la seule force de vos pieds !
Le bus à impériale est donc une bonne option pour découvrir les différents quartiers sans se fatiguer.
De nombreux tours sont proposés et tous incluent un audioguide en français.
Un des aspects pratiques de ces tours en bus est que vous pouvez monter et descendre quand vous le souhaitez, sachant qu'ils s'arrêtent toutes les 20 minutes environ. Cela peut donc être une façon agréable de faire le trajet entre deux sites qui sont au programme de vos visites. Un bon plan, en somme !
La durée de validité dépend des tours (de 24h à plusieurs jours).

Quand ? C'est sans importance. La veille du départ ou plusieurs semaines à l'avance, c'est vous qui voyez.

Où ? go-ny.fr/**tours-bus**

Balade à vélo dans Central Park

Central Park est l'un des sites incontournables de la Grosse Pomme. Une route de près de 10 km sillonne le parc. Véritable bénédiction pour les joggeurs, les amateurs de roller et les cyclistes, cette route est très peu fréquentée par les voitures, ces dernières ont d'ailleurs interdiction d'y circuler le weekend et le soir après 19h. Autant de raisons qui vous donneront envie de faire une balade à vélo dans le parc, sachant que vous pourrez bien évidemment vous arrêter pour piqueniquer, faire une sieste ou simplement profiter de l'ambiance extraordinaire qui règne dans cet immense poumon vert au milieu des gratte-ciels !
En ce qui concerne le choix d'un prestataire, n'attendez pas d'être sur place pour vous décider (toutes sortes de rabatteurs vous tomberont dessus en vous promettant monts et merveilles !), réservez chez Central Park Sightseeing qui est une valeur sure et a l'avantage d'être situé à deux rues du parc.

Quand ? C'est sans importance. La veille du départ ou plusieurs semaines à l'avance, c'est vous qui voyez.

Où ? go-ny.fr/**velo**

Billets pour accéder au piédestal et à la couronne de la statue de la Liberté

Si vous utilisez le New York CityPASS ou un pass Go City® pour visiter Liberty Island, vous pourrez aller au pied de la statue de la Liberté et en faire le tour, mais si vous tenez à accéder au piédestal et/ou à grimper jusque dans la couronne de la statue, il vous faudra réserver des billets à part ! Attention, l'accès à la couronne est toujours suspendu en raison de la crise sanitaire au moment où nous mettons sous presse.

Quand ? Le plus tôt possible (au moins 3 mois à l'avance si vous partez en saison haute).

Où ? go-ny.fr/**couronne**

Billets pour assister à un match (basketball, baseball, soccer, hockey, foot US…)

Que vous soyez fan de sport ou pas, il faut que vous assistiez au moins une fois à un match à New York!
Je ne vous parle pas de regarder deux équipes qui courent après un ballon, je vous parle de vivre un véritable show à l'américaine, haut en couleur et fort en émotions, avec DJ, cheerleaders et animations en tout genre, le tout servi dans une ambiance de folie qui justifie à elle seule le prix des billets!
Car oui, vous verrez qu'aux États-Unis plus qu'ailleurs, le sport est synonyme de fête et de convivialité, et que les stars du ballon ont un sens du spectacle hors du commun.
D'une certaine façon, assister à un match au Madison Square Garden ou au Yankee Stadium, c'est s'ouvrir à tout un pan de la culture américaine, laquelle accorde énormément de valeur au sport et aux activités qui prônent le dépassement de soi en général.

Quand? Le plus tôt possible pour avoir le choix des places aux meilleurs prix.

Où? go-ny.fr/**matchs**

Billets pour assister à un show de Broadway

Aladdin, Chicago, The Lion King, Wicked, The Phantom of the Opera… les comédies musicales ne manquent pas à New York. Souvent copiés, rarement égalés, certains spectacles se jouent depuis plusieurs dizaines d'années et ne désemplissent pas! Il faut dire que nos amis américains emploient les grands moyens pour mettre en scène des shows d'une intensité visuelle et dramatique extraordinaire.
Attraction familiale s'il en est, je vous conseille d'assister au moins une fois à une comédie musicale à Broadway, vous aurez l'assurance de passer une excellente soirée.

Quand? Le plus tôt possible pour avoir le choix des places aux meilleurs prix.

Où? go-ny.fr/**broadway**

Billets pour assister à un concert

Et si vous profitiez de votre séjour à New York pour voir se produire l'un de vos artistes ou groupes préférés?
À moins que vous ne soyez un fan inconditionnel et que vous décidiez d'aller à New York spécialement pour voir un concert!
Dans un cas comme dans l'autre, la meilleure façon de ne pas passer à côté d'un concert d'exception, c'est de consulter régulièrement l'agenda de New York, actualisé chaque semaine sur mon blog.

Quand? Le plus tôt possible pour avoir le choix des places aux meilleurs prix.

Où? go-ny.fr/**agenda**

La liste des attractions qu'il est préférable de réserver avant de partir pourrait s'allonger (je pense notamment aux tours en bateau, aux excursions hors de New York…) mais les principales sont celles que je viens de vous donner. Au besoin, n'hésitez pas à consulter la page go-ny.fr/**attractions** où je sélectionne pour vous les meilleures attractions réservables en ligne. Si vous cherchez quelque chose d'original et que vous n'avez rien de précis en tête, vous y trouverez sans doute l'inspiration!

L'assurance voyage

La question de l'assurance voyage est abordée dans la partie "Infos pratiques" (cf. p. 26, § Santé), mais je tenais à dire une nouvelle fois combien il est important de partir en étant bien couvert!

Quand? Au plus tard la veille du départ.

Où? go-ny.fr/**assurances**

Les activités New York en français

En tant que blogueur de voyage, je partage des bons plans, je conseille des adresses et des activités, mais il m'est parfois difficile, pour ne pas dire impossible, d'apporter à chaque demande une réponse parfaitement adaptée. C'est pourquoi j'ai décidé d'aller plus loin, poussé par mon envie d'entreprendre, en créant *New York en français*, une agence de voyage dédiée aux activités touristiques francophones à New York !

New York en français me donne la liberté de créer toutes sortes d'activités pour les French Yorkers, mais aussi pour les professionnels du tourisme en quête d'activités originales et hors des sentiers battus, tout en restant fidèle aux valeurs de simplicité et de convivialité qui font le succès de mon blog.

À ma casquette de blogueur de voyage s'ajoute donc celle de chef d'entreprise, mais, ces deux casquettes, j'entends bien les mettre au service d'une seule et même passion !

Voici donc un aperçu des activités que vous pouvez réserver sur : **voyage-en-francais.fr/new-york**

ACCUEIL PERSONNALISÉ À NEW YORK

S'il s'agit de votre première fois à New York, que vous ne maitrisez pas bien l'anglais et/ou que vous appréhendez la vie sur place (peur de vous perdre ou de ne pas savoir faire telle ou telle chose…), je vous propose d'être accueilli par un guide français qui vous donnera toutes les infos pratiques pour démarrer votre séjour du bon pied. Choisissez l'une des formules ci-dessous et laissez votre stress à la maison !

Accueil à l'aéroport :

Le guide vous accueille à l'aéroport et vous accompagne jusqu'à votre logement selon le mode de transfert de votre choix (AirTrain + train/ métro, taxi privé, limousine…).

Le temps du trajet (de 1h à 1h30 en moyenne), il vous briefe sur toutes les choses à savoir : acheter un titre de transport et se déplacer (bus, métro, taxi, ferry…), laisser un pourboire (quand ? combien ?), comprendre les taxes appliquées dans les magasins, savoir à quoi ressemble une pharmacie ou une supérette, connaitre les bons plans près de son logement… Bref, le guide répondra à chacune des questions que vous vous posez, et même à celles que vous ne vous posez pas encore !

Briefing dans un coffee shop :

Le guide vous retrouve à votre logement puis vous emmène dans un coffee shop* (vous pouvez aussi convenir de vous y retrouver directement) pour un briefing de bienvenue avant de faire une petite balade dans le quartier (ou pas, c'est vous qui décidez).

N'hésitez pas à dire au guide ce que vous voulez voir ou faire lors de cette balade : apprendre à vous repérer dans l'immensité de la ville, acheter une MetroCard et utiliser le métro, tester le Citi Bike, identifier quelques bonnes adresses près de votre logement pour faire du shopping, manger ou prendre un verre…

* Café offert à tous les participants.

Infos et réservations : **go-ny.fr/nyef-bienvenue**

LES VISITES GUIDÉES

Les visites guidées *New York en français* sont placées sous le signe de l'authenticité. Elles se déroulent loin des ornières creusées par le tourisme de masse et permettent de découvrir le vrai visage de New York et des New-Yorkais. Chaque visite est une invitation à voyager dans l'histoire des différents quartiers mais aussi à comprendre leur identité actuelle, les lieux insolites et tendance qui font leur charme, les us et coutumes des locaux, etc.

Tous les guides sont des Français(es) expatrié(e)s depuis plusieurs années qui connaissent la Grosse Pomme comme leur poche et vous feront partager leur passion de cette ville avec le souci permanent de créer des échanges aussi riches qu'enthousiastes. Un peu comme si vous étiez "entre amis". C'est d'ailleurs pour favoriser ce sentiment d'intimité que les visites guidées n'accueillent jamais plus de 12 personnes à la fois (il est également possible de privatiser une visite ou de demander une visite sur mesure!).

SoHo, Greenwich Village et Meatpacking District

Des *cast-irons* de SoHo aux rues pavées de Meatpacking District en passant par Greenwich Village, découvrez trois quartiers authentiques de New York!

Infos et réservations : go-ny.fr/nyef-soho

Harlem

Plongez au cœur d'un quartier chargé d'histoire qui a cristallisé les espoirs d'émancipation sociale et culturelle de la communauté afro-américaine.

Infos et réservations : go-ny.fr/nyef-harlem

Lower East Side, Chinatown et Little Italy

New York est une ville cosmopolite qui brille par la diversité de ses populations, comme en témoignent ces trois quartiers historiques de Manhattan.

Infos et réservations : go-ny.fr/nyef-les

Food Tour à East Village

Le mariage de la culture et du plaisir : une visite guidée du quartier d'East Village ponctuée par des dégustations de spécialités culinaires américaines!

Infos et réservations : go-ny.fr/nyef-food

Central Park

Découvrez l'histoire et les secrets du plus célèbre parc urbain du monde. Cette visite peut se faire à pied (de nov. à mars) ou à vélo (d'avril à octobre).

Infos et réservations :
Visite à pied : go-ny.fr/**nyef-cp**
Visite à vélo : go-ny.fr/**nyef-cp-velo**

Street art et culture hipster à Brooklyn

Découvrez deux des quartiers les plus tendance de Brooklyn : Bushwick, la Mecque du *street art*, et Williamsburg, le fief des hipsters !

Infos et réservations : go-ny.fr/**nyef-bkn**

Brooklyn Heights, DUMBO et le Brooklyn Bridge

Partez à la découverte de deux magnifiques quartiers de Brooklyn, ancrés sur les bords de l'East River, et traversez le Brooklyn Bridge !

Infos et réservations : go-ny.fr/**nyef-dumbo**

Excursion à vélo dans le Brooklyn insolite

Découvrez Brooklyn hors des sentiers battus et à vélo le temps d'une journée (visite/balade de 6 h avec de nombreux arrêts dont une pause déjeuner).

Infos et réservations : go-ny.fr/**nyef-bkn-velo**

LES VISITES GUIDÉES SAISONNIÈRES

Découverte des décoration d'Halloween à Brooklyn (de mi-octobre au 1er novembre)
Succombez au charme d'Halloween en visitant les quartiers de Carroll Gardens, Cobble Hill et Boerum Hill !

Infos et réservations : go-ny.fr/**nyef-halloween**

Découverte des décorations de Noël à Brooklyn (de début décembre à début janvier)
Vivez la magie de Noël en découvrant les maisons et les jardins illuminés des quartiers de Carroll Gardens, Cobble Hill et Dyker Heights !

Infos et réservations : go-ny.fr/**nyef-noel**

SÉANCES PHOTO

Et si vous repartiez de New York avec des portraits dignes d'un magazine de mode ?
Nous vous proposons des séances photo avec un photographe pro dans des lieux emblématiques de la ville : Brooklyn Bridge Park et DUMBO, Times Square, Central Park... autant d'endroits qui serviront de décor naturel à de superbes photos-souvenirs que vous vous empresserez de partager avec vos proches !

Infos et réservations : go-ny.fr/nyef-photo

CROISIÈRES

Offrez-vous une croisière privée autour de Manhattan et découvrez la ville sous un nouvel angle !
Tout au long de la croisière, des pauses sont prévues afin que vous et vos proches (6 personnes maximum) puissiez prendre des photos et échanger avec le capitaine.
Apportez un piquenique et/ou de quoi prendre l'apéro afin de rendre cette balade sur l'eau encore plus agréable et conviviale !

Infos et réservations : go-ny.fr/nyef-bateau

JEU DE PISTE DANS MIDTOWN

Découvrez le quartier de Midtown de façon ludique et originale en participant à un jeu de piste !
Seul, en couple, en famille ou entre amis, réveillez le Sherlock Holmes qui sommeille en vous !
Menez l'enquête et trouvez les indices qui vous permettront de démasquer la mystérieuse célébrité qui se cache derrière ce jeu...
Prêts à relever le défi ?

Infos et réservations : go-ny.fr/nyef-jeu

DÉGUSTATIONS DE VINS ET FROMAGES AMÉRICAINS

Laissez-vous tenter par une dégustation organisée en partenariat avec la cave à manger OCabanon.
Armel et son équipe vous invitent à découvrir une sélection de vins et fromages issus du terroir américain.
Vos hôtes auront à cœur de vous expliquer les spécificités de chaque produit et de créer les conditions d'une parfaite exaltation des sens, dans une ambiance décontractée et conviviale.

Infos et réservations : go-ny.fr/nyef-vins

ACTIVITÉS SUR MESURE

NYEF propose également des activités personnalisées ainsi que des plannings d'activités sur mesure !
Conseil/Devis (gratuit) : go-ny.fr/nyef-sur-mesure

NEW YORK
EN FRANÇAIS
par Alex les bons plans
CONTACTEZ-NOUS !
INFOS & RÉSERVATIONS
voyage-en-francais.fr/new-york
contact@voyage-en-francais.fr
+33 (0)5 56 52 96 36

Les apéros BPVNY

J'ai lancé les apéros BPVNY dans le but de faciliter les rencontres et les échanges entre French Yorkers qui voyagent au même moment à New York. Mais j'étais loin d'imaginer que ce rendez-vous hebdomadaire au cœur de Manhattan aurait un tel succès!
Jusqu'à 100 French Yorkers (selon les périodes de l'année) se réunissent ainsi chaque mardi soir autour d'un verre pour partager leurs expériences respectives, donner leurs avis sur les activités qu'ils ont déjà faites et demander celui des autres sur celles à venir. Il n'est pas rare que des liens se créent à cette occasion, que des groupes se forment et décident de se retrouver plus tard dans la semaine pour faire une visite, une balade, aller au restaurant…

Les apéros se déroulent dans l'excellente **Cave à Manger OCabanon**, tenue par des Français qui ont fait le pari de s'installer à New York en 2013 avec l'ambition de créer un espace convivial où tout le monde peut venir passer un agréable moment, déguster de bons plats maison et des vins triés sur le volet. Pari réussi!

Une carte spéciale (avec des tarifs réduits) est poposée par l'équipe d'OCabanon pour ces apéros où il est possible de boire mais aussi de manger, même si, je tiens à le préciser, personne n'est tenu de consommer plus qu'un simple verre.

Où ? OCabanon, 245 W 29th Street (à deux blocs du Madison Square Garden).
Quand ? Tous les mardis, à partir de 19h.
Comment s'inscrire à un apéro BPVNY ? go-ny.fr/aperos

Bon à savoir : c'est aussi chez OCabanon qu'ont lieu les dégustations de vins et fromages américains organisées en partenariat avec mon agence **New York en français** (cf. p. 60).

Votre check-list

Au moins 1 mois avant de partir :

- PASSEPORT
  Passeport biométrique en cours de validité (cf. p. 20)
- DOLLARS / CARTE DE PAIEMENT
  Change ou retrait ? CB avec option internationale ou carte dédiée ? // go-ny.fr/**dollars**
- BILLETS D'AVION
  Comparez les offres // go-ny.fr/**avion**
- LOGEMENT
  Quel type (hôtel, appartement…) ? Dans quel quartier ? // go-ny.fr/**logement**
- BILLETS pour un évènement sportif (NBA, MLB, NFL…)
  Quelle équipe irez-vous supporter ? // go-ny.fr/**matchs**
- BILLETS pour un spectacle (comédie musicale, concert…)
  Un show à Broadway // go-ny.fr/**broadway** ou un concert ? // go-ny.fr/**agenda**

Au moins 1 semaine avant de partir :

- ESTA
  Autorisation de voyage aux USA // go-ny.fr/**esta**
- PLANNING
  Utilisez l'assistant de création de planning (cf. p. 65)
- ASSURANCE VOYAGE
  Partez l'esprit tranquille ! // go-ny.fr/**assurances**
- FORFAIT MOBILE
  Forfait international ou carte prépayée ? // go-ny.fr/**mobile**
- TRANSFERT AÉROPORT - LOGEMENT
  Train, métro, taxi, shuttle, bus, limousine… que choisir ? // go-ny.fr/**transfert**
- PASS CULTUREL
  New York CityPASS, pass illimité ou pass à la carte ? // go-ny.fr/**pass**
- ATTRACTIONS (tour en hélico, visite guidée NYEF…)
  Réservez les attractions non incluses dans votre pass culturel // go-ny.fr/**attractions**
- TROUSSE DE SECOURS / MÉDICAMENTS
  Pour les petits bobos, mal de l'air, maux de tête, ampoules…

Au moins 1 heure avant de partir :

dans le bagage à main

- [ ] **PASSEPORT**
  + Copie de l'ESTA (facultatif)
- [ ] **1 PIÈCE D'IDENTITÉ**
  Autre que le passeport
- [ ] **DOLLARS**
  Si vous en avez acheté…
- [ ] **BILLETS D'AVION**
  Ou copie des réservations
- [ ] **RÉSERVATION LOGEMENT**
  Copie avec numéro de réservation
- [ ] **VOUCHERS**
  Copies de toutes vos réservations
- [ ] **OBJETS DE VALEUR**
  Bijoux, lunettes de soleil…
- [ ] **APPAREILS HIGH-TECH**
  Ordi, tablette, mobile… chargés !
- [ ] **TENUE DE RECHANGE**
  En cas de perte ou retard des bagages
- [ ] **TROUSSE DE TOILETTE ***
  Pour vous rafraichir dans l'avion
- [ ] **MÉDICAMENTS**
  Avec les prescriptions, le cas échéant
- [ ] **VESTE / ÉCHARPE**
  La climatisation est forte dans l'avion !

dans la valise

- [ ] **PASSEPORT (copie)**
  En cas de perte ou de vol
- [ ] **VOUCHERS (copies)**
  En cas de perte ou de vol
- [ ] **ADAPTATEUR ÉLECTRIQUE**
  Pour utiliser les prises américaines
- [ ] **MULTIPRISE**
  Pour brancher tous vos appareils
- [ ] **CHARGEURS / PILES**
  Pour mobile, ordinateur, appareil photo…
- [ ] **TRÉPIED PHOTO**
  Non autorisé en cabine !
- [ ] **VÊTEMENTS ****
  Adaptés à la saison (cf. p. 21)
- [ ] **TROUSSE DE TOILETTE**
  Fermez bien les produits liquides !
- [ ] **TROUSSE DE SECOURS**
  Pour les petits bobos…

* Je vous rappelle que les contenants de plus de 100 ml (pleins ou non) sont interdits en cabine.

** Si vous voyagez en couple, mettez la moitié de vos affaires dans la valise de votre conjoint et prenez la moitié des siennes. Ainsi, en cas de perte d'une des valises, il vous restera au moins une partie de vos affaires respectives !

Le conseil d'Alex

Scannez vos documents importants (passeports, pièces d'identité, vouchers, attestations d'assurance…) et déposez-les dans un espace de stockage en ligne tel que Dropbox, Google Drive ou encore pCloud…
Ces outils permettent d'archiver des fichiers "dans le nuage" (*cloud*) de façon sécurisée, de sorte que vous (et vous seul) pouvez y accéder depuis n'importe où dans le monde. En cas de perte d'un document, connectez-vous à votre espace pour récupérer une copie dudit document. Cela ne règlera pas forcément tous les problèmes mais cela pourra aider. Je précise qu'il est possible d'utiliser ce type de service gratuitement : l'espace de stockage est limité mais largement suffisant pour l'usage préconisé ici.

Créer un planning

Si vous doutez de l'intérêt de créer un planning pour vos vacances à New York, je vous invite à lire le commandement n° 3, "Tu feras un planning pour optimiser ton séjour", p. 14 du guide.

Comment créer votre planning ?

Êtes-vous seulement sûr de savoir ce que vous avez envie de faire ? Par où et par quoi commencer ? Comment organiser vos activités ? Comment savoir le temps que prend telle visite ou celui que prend tel déplacement ? Autant de questions auxquelles il vous sera difficile de répondre, surtout si vous n'avez jamais mis les pieds à New York ! Et c'est précisément parce que vous êtes nombreux à vous poser ces questions et à solliciter mon aide que j'ai décidé de mettre à votre disposition des plannings-types.
Ces plannings thématiques sont utilisables en l'état mais ils peuvent aussi servir de base à l'élaboration d'un planning personnalisé, VOTRE planning, celui qui correspondra au voyage de vos rêves.

Les plannings-types d'Alex (p. 66-79)

1 jour à New York

Pour visiter New York en un jour (à supposer que vous fassiez escale à New York et que vous ayez une journée, et pas une de plus, à y passer), ce n'est pas à proprement parler un planning que je vous propose mais un itinéraire. Un itinéraire qui, selon moi, couvre les incontournables de la ville.
Vous finirez sur les rotules mais je peux vous assurer que vous aurez aussi des étoiles plein les yeux !

3 ou **7** jours à New York

Pour des séjours de 3 ou 7 jours, je mets à votre disposition 4 plannings-types :

- **Planning "Culturel"**
  Ce planning est fait pour ceux qui ne conçoivent pas d'aller à New York sans visiter, entre autres choses, les plus beaux musées de la ville (MET, MoMA, Guggenheim, musée américain d'Histoire naturelle...).

- **Planning "Street"**
  Comme son nom le laisse entendre, ce planning s'adresse à ceux que les musées rebutent et qui privilégient les visites en plein air...

- **Planning "Enjoy"**
  Ce planning conviendra parfaitement à ceux qui envisagent leur voyage sous l'angle du plaisir et du divertissement.

- **Planning "Jamais fatigué"**
  Ce planning est un mélange des trois premiers et s'adresse à ceux qui, comme moi, veulent faire et voir un maximum de choses.

Votre planning (p. 80-85)

Pour créer votre planning, deux possibilités :

Option A : Écrivez à même le guide (utilisez un crayon à papier pour pouvoir faire des modifications), sachant que vous pouvez planifier jusqu'à 14 jours (ou, au besoin, faire 2 plannings de 7 jours).

Option B : Utilisez l'outil de création de planning du blog Bons Plans Voyage New York (go-ny.fr/plan), puis imprimez votre planning en sélectionnant l'option "Exporter mon planning", pliez-le en deux et collez-le à l'endroit prévu dans le guide (p. 84).

1 jour à New York

1. CROISIÈRE DANS LA BAIE DE NEW YORK

Durée approx. : 1h30

WHITEHALL TERMINAL - 4 Whitehall Street, New York, NY 10004

Rendez-vous au petit matin (vers 7h) à la pointe sud de Manhattan pour débuter cette folle journée ! Prenez le ferry qui part de Whitehall Terminal et rejoint St-George Terminal sur l'île de Staten Island. En semaine, entre 7h et 8h, un ferry part toutes les 20 minutes de Whitehall Terminal et, le weekend, toutes les 30 minutes. Durant la traversée, qui dure environ 25 minutes, vous pourrez profiter d'une magnifique vue sur la **statue de la Liberté** ainsi que sur la ***skyline*** de New York !
Une fois arrivé à Staten Island, débarquez et embarquez de nouveau pour faire le chemin inverse. Cerise sur le gâteau : cette liaison est gratuite !

ST. GEORGE TERMINAL - 1 Bay Street, Staten Island, NY 10301

2. FINANCIAL DISTRICT

Durée approx. : 2h

WHITEHALL TERMINAL - 4 Whitehall Street, New York, NY 10004

En sortant du terminal, entrez dans Financial District par Broadway et marchez jusqu'à ce que vous tombiez sur la célèbre sculpture du **Charging Bull** qui symbolise "la force, le pouvoir et l'espoir" du peuple américain. Dirigez-vous ensuite vers **Wall Street** et le bâtiment du **New York Stock Exchange** qui arbore un immense drapeau américain sur sa façade ! Poursuivez vers le site du 9/11 et de la vertigineuse tour du **One World Trade Center**. Ne manquez pas d'admirer l'**Oculus**, la station du WTC qui a rouvert en 2016 dans un écrin architectural de toute beauté. Faites une halte à la **St. Paul's Chapel**, qui contraste au milieu des gratte-ciels, et terminez par le **New York City Hall** et son joli parc.

NEW YORK CITY HALL - City Hall Park, New York, NY 10007

3. CHINATOWN, LITTLE ITALY, SOHO, NOHO, GREENWICH VILLAGE…

Durée approx. : 3h

NEW YORK CITY HALL - City Hall Park, New York, NY 10007

En quittant le parc, prenez Centre Street et passez devant la **New York City Supreme Court**, puis tournez à droite pour entrer dans **Columbus Park**, aux portes du quartier de **Chinatown**. Vous y verrez des joueurs de xiangqi, des pratiquants de tai-chi-chuan… En remontant Mulberry Street, vous passerez devant des dizaines de commerces chinois et, une fois que vous aurez passé Canal Street, vous entrerez d'un coup d'un seul dans **Little Italy** ! En poursuivant dans Mulberry Street, vous arriverez au cœur de ce quartier italien (qui n'est toutefois pas aussi authentique que Little Italy in The Bronx). Bifurquez vers Petrosino Square et accordez-vous une pause gourmande chez **Eileen's Special Cheesecake** où Eileen Avezzano prépare depuis près de 50 ans les meilleurs cheesecakes de la ville ! Reprenez la route par Lafayette Street. Vous longerez alors le quartier de **SoHo** qui s'étend à l'ouest avec ses fameux balcons en fer forgé (*cast-irons*) et ses boutiques de mode, avant d'entrer dans **NoHo**, un petit quartier qui regorge de bars et restos sympas. À hauteur de 4th Street, dirigez-vous à l'ouest pour entrer dans **Greenwich Village** et découvrez **Washington Square Park**, un lieu de détente et d'animation très prisé par les étudiants et les artistes de rue. Prenez ensuite 5th Avenue en direction de ma place préférée : **Union Square** ! Prenez le temps de vous assoir un moment sur un banc et d'observer les New-Yorkais aller et venir, (marché bio les lun., mer., ven. et sam.).
Une fois reposé, prenez Broadway et allez admirer le **Flatiron Building**, 6 blocs plus haut. Profitez-en pour manger un burger au **Shake Shack** voisin ou un bon sandwich à **Eataly** s'il y a trop d'attente…

FLATIRON BUILDING - 1 E 23rd Street, New York, NY 10010

4. MIDTOWN, CENTRAL PARK

Durée approx. : 3h45

FLATIRON BUILDING - 1 E 23rd Street, New York, NY 10010

Prenez le métro (station E 23 St - Broadway), ligne N ou R, direction uptown, et arrêtez-vous à la station Times Sq - 42 St. Bienvenue au cœur de **Midtown** ! Prenez 40th Street vers **Bryant Park**. L'hiver, ce bel espace vert laisse place à un marché de Noël et une immense patinoire ! Juste derrière, ne manquez pas d'entrer quelques minutes dans la majestueuse **New York Public Library**, une des plus grandes du monde ! Prenez ensuite 42nd Street jusqu'à la superbe gare de **Grand Central Terminal** (allez dans le hall principal pour contempler la chorégraphie créée par les incessants va-et-vient des voyageurs !). Revenez sur vos pas jusqu'à **5th Avenue** et ses célèbres enseignes de luxe. Prenez la direction du nord et, quelques blocs plus loin, tournez à gauche de façon à faire une pause sur le parvis du **Rockefeller Center**, puis montez au **Top of the Rock** qui vous réserve une vue à couper le souffle !
Regagnez 5th Avenue, vous tomberez en face de **St. Patrick's Cathedral** (entrez-y mais ne vous y attardez pas). Poursuivez votre chemin jusqu'à la **Pulitzer Fountain** : à votre droite, un immense cube de verre sert d'entrée à un célèbre **Apple Store** ; à votre gauche, le non moins célèbre **Plaza Hotel** (vu dans de nombreux films et séries) ; en face, **Central Park** n'attend que vous !
Une fois dans le parc, le premier chemin qui monte vous mènera au lac **The Pond** et son petit pont de pierre (le **Gapstow Bridge**). Continuez jusqu'à **The Lake** où les amoureux se baladent en barque (entre avril et novembre) puis allez jusqu'au **Belvedere Castle** qui surplombe le parc et vous offrira un magnifique point de vue. Enfin, mettez le cap à babord pour sortir du parc à hauteur du **musée américain d'Histoire naturelle**, que vous n'aurez hélas pas le temps de visiter…

MUSÉE AMÉRICAIN D'HISTOIRE NATURELLE - Central Park W & 79th Street, New York, NY 10024

5. HARLEM

Durée approx. : 1h45

MUSÉE AMÉRICAIN D'HISTOIRE NATURELLE - Central Park W & 79th Street, New York, NY 10024

Prenez le métro (station 81 St - Museum of Natural History), ligne B ou C, direction uptown, et arrêtez-vous à la station 116 St. En sortant, prenez le gouter à la **Levain Bakery** où vous attendent les meilleurs cookies de New York ! Puis, prenez 116th Street en direction de l'est. Vous passerez devant plusieurs lieux de culte (**First Corinthian Baptist Church**, **Malcolm Shabazz Mosque**…) et un célèbre *soul food restaurant* de Harlem : **Amy Ruth's** ! Poursuivez en direction de **Marcus Garvey Park** que je vous propose de traverser pour rallier la populaire **125th Street**. Prenez à gauche en direction de l'**Apollo Theater**, scène légendaire qui a vu se produire les plus grands noms de la musique noire américaine !

APOLLO THEATER - 253 W 125th Street, New York, NY 10027

6. TIMES SQUARE, 34TH STREET

Durée approx. : 4h

APOLLO THEATER - 253 W 125th Street, New York, NY 10027

Prenez le métro (station 125 St), ligne C, direction downtown, et arrêtez-vous à la station 50 St. Rejoignez Broadway (1 bloc à l'est), et dirigez-vous au sud. Vous arriverez alors à **Times Square**, le "carrefour du monde" ! C'est sans aucun doute l'endroit le plus électrique de New York : ses écrans géants n'ont pas fini de vous faire tourner la tête ! Poursuivez au sud en bifurquant sur 7th Avenue, plus précisément cette portion qu'on appelle "**Fashion Avenue**", entre 34th et 39th Street. Au croisement de 34th Street, prenez à gauche. Vous longerez alors **Macy's** et de nombreuses autres enseignes qui vous donneront forcément envie de faire un peu de **shopping**… Mais ne vous attardez pas trop car il vous faudra encore manger (par exemple chez **IchiUmi**) et monter au sommet de l'**Empire State Building** (vers 22h) pour terminer cette journée en beauté et dire au-revoir à New York, illuminée de mille feux !

EMPIRE STATE BUILDING - 350 5th Avenue, New York, NY 10118

3 jours à New York • Culturel

	1er jour	2e jour	3e jour
Matin	9h Visite de la **statue de la Liberté** et du **musée d'Ellis Island** Balade dans **Financial District** (Wall Street, Memorial 9/11, One WTC, St. Paul's Chapel, City Hall…)	Balade à **Harlem** (Malcolm X Blvd, Adam Clayton Powell Jr Blvd, Apollo Theater…) Visite du **musée américain d'Histoire naturelle** Repas au **Shake Shack** (juste à côté du musée)	9h Observatoire du **Top of the Rock** Visite du **MoMA** ou du **MET**
Après-midi	Traversée du **Brooklyn Bridge** Balade à **DUMBO** et **Brooklyn Bridge Park** Découverte de **Times Square** (balade et shopping)	Balade à **Central Park** (descendre à pied du musée d'Histoire naturelle à The Pond, au sud-est de Central Park) Balade et shopping sur **5th Avenue** (ses célèbres magasins mais aussi St. Patrick's Cathedral, Rockefeller Center, New York Public Library…)	Visite guidée de **SoHo**, **Greenwich Village** et **Meatpacking District** par *New York en français* Monter la **High Line** de Meatpacking District à 34th Street
Soir	22-23h Observatoire de l'**Empire State Building**	Spectacle (comédie musicale à **Broadway**, match **NBA**, **MLB**, **NHL**…)	Après avoir diné, prendre un verre dans un *rooftop bar*, par exemple au **230 Fifth**

3 jours à New York • Street

	1er jour	2e jour	3e jour
Matin	Aller-retour avec le **Ferry de Staten Island** (gratuit) pour passer à proximité de la statue de la Liberté et admirer la *skyline* Balade dans **Financial District** (Wall Street, Memorial 9/11, One WTC, St. Paul's Chapel, City Hall…)	Balade et shopping sur **5th Avenue** (ses célèbres magasins mais aussi St. Patrick's Cathedral, Rockefeller Center, New York Public Library…) et **42th Street** (Grand Central Terminal, Chrysler Building, Nations Unies…) + Observatoire du **Summit One Vanderbilt**	Descendre la **High Line** de 34th Street à Meatpacking District Balade dans les quartiers de **Meatpacking District**, **Greenwich Village**, **SoHo**, **Chinatown**… (passer à Washington Square Park, mais aussi devant l'immeuble de la série TV *Friends*, la maison de Carrie Bradshaw dans *Sex and the City*…)
Après-midi	Traversée du **Brooklyn Bridge** Balade à **DUMBO** et **Brooklyn Bridge Park** Découverte de **Times Square** (balade et shopping)	Visite guidée de **Central Park à vélo** par *New York en français*	Shopping à **SoHo** Remonter jusqu'à **Union Square** puis au **Madison Square Park** pour voir le **Flatiron Building**
Soir	22-23h Observatoire de l'**Empire State Building**	Spectacle (comédie musicale à **Broadway**, match **NBA**, **MLB**, **NHL**…)	Après avoir diné, prendre un verre dans un *rooftop bar*, par exemple au **Monarch Rooftop**

3 jours à New York • Enjoy

	1er jour	2e jour	3e jour
Matin	Tour en bus **Hop-On Hop-Off** pour visiter la ville (1/2)	Aller-retour avec le **Ferry de Staten Island** (gratuit) pour passer à proximité de la statue de la Liberté et admirer la *skyline*	Balade à **Central Park**
Matin	Découverte de **Times Square** (balade et shopping)	Balade dans **Financial District** (Wall Street, Memorial 9/11, One WTC, St. Paul's Chapel, City Hall…)	Balade et shopping sur **5th Avenue** (ses célèbres magasins mais aussi St. Patrick's Cathedral, Rockefeller Center, New York Public Library…)
Après-midi	Tour en bus **Hop-On Hop-Off** pour visiter la ville (2/2) + **Shopping** sur 34th Street + Observatoire du **Top of the Rock** ou du **Summit One Vanderbilt**	**Tour en hélico** (South Street Seaport) Traversée du **Brooklyn Bridge**	Visite guidée **Street art et culture hipster à Brooklyn** par *New York en français*
Après-midi / Soir	**Diner-croisière** sur un yacht qui fait le tour de Manhattan	Balade à **Brooklyn Bridge Park** Diner dans un resto de **Midtown**	Spectacle (comédie musicale à **Broadway**, match **NBA**, **MLB**, **NHL**…)
Soir	Prendre un verre dans un *rooftop bar*, par exemple au **230 Fifth**	22-23h Observatoire de l'**Empire State Building**	

3 jours à New York • Jamais fatigué

	1er jour	2e jour	3e jour
Matin	9h Visite de la **statue de la Liberté** et du **musée d'Ellis Island** Balade dans **Financial District** (Wall Street, Memorial 9/11, One WTC, St. Paul's Chapel, City Hall…)	Balade à **Harlem** (Malcolm X Blvd, Adam Clayton Powell Jr Blvd, Apollo Theater…) Visite du **musée américain d'Histoire naturelle**	9h Observatoire du **Top of the Rock** ou du **Summit One Vanderbilt** Visite du **MoMA** ou du **MET**
Après-midi	Traversée du **Brooklyn Bridge** Balade à **DUMBO** et **Brooklyn Bridge Park** Découverte de **Times Square** (balade et shopping)	Balade à **Central Park** (descendre à pied du musée à The Pond, au coin sud-est du parc. Passer par Belvedere Castle et faire un tour en barque à The Lake) Balade et shopping sur **5th Avenue** (ses célèbres magasins mais aussi St. Patrick's Cathedral, Rockefeller Center, New York Public Library…)	Visite guidée de **SoHo, Greenwich Village et Meatpacking District** par *New York en français* Balade sur la **High Line**
Soir	22-23h Observatoire de l'**Empire State Building**	Spectacle (comédie musicale à **Broadway**, match **NBA**, **MLB**, **NHL**…)	Prendre un verre dans un *rooftop bar*, par exemple au **Skylark**

	Dimanche	Lundi	Mardi
Matin	10h **Messe gospel** à Harlem **Brunch** à Harlem	9h Visite de la **statue de la Liberté** et du **musée d'Ellis Island**	9h Observatoire de l'**Empire State Building** Visite du **Guggenheim Museum**
Après-midi	14h-17h30 Visite guidée de **Harlem** par *New York en français*	Balade dans **Financial District** (Wall Street, Memorial 9/11, One WTC, St. Paul's Chapel, City Hall…) Traversée du **Brooklyn Bridge** et balade au **Brooklyn Bridge Park**	Visite du **MET** (The Metropolitan Museum of Art) Balade à **Central Park**
Soir	Diner et balade à **Times Square** Prendre un verre dans un *rooftop bar*, par exemple au **Refinery Rooftop**	Diner dans un **club de jazz** de Greenwich Village	19h **Apéro BPVNY** à OCabanon (245 W 29th Street) 22-23h **Empire State Building** (2e entrée le même jour incluse dans le NY CityPASS)

Mercredi	Jeudi	Vendredi	Samedi
Prendre le téléphérique de **Roosevelt Island**	9h Observatoire du **Top of the Rock**	9h-12h30 Visite guidée de **Lower East Side, Chinatown** et **Little Italy** par *New York en français*	9h-12h30 Visite guidée de **Brooklyn Heights, DUMBO** et du **Brooklyn Bridge** par *New York en français*
Visite du siège des **Nations Unies**	Visite du **MoMA**		
	Balade dans **Midtown** (Grand Central Terminal, Bryant Park, New York Public Library, St. Patrick's Cathedral, 5th Avenue…)	Déjeuner au **Chelsea Market**	
14h30-18h00 Visite guidée **Street art et culture hipster à Brooklyn** par *New York en français*		Visite du **Whitney Museum of American Art**	Visite du **musée américain d'Histoire naturelle**
	Observatoire du **Summit One Vanderbilt** (au coucher du soleil)	Balade sur la **High Line**	Balade à **Central Park**
Diner dans un resto de **Williamsburg** (Brooklyn)			Diner chez **Tacombi** (NoLIta)
Prendre un verre au **Westlight,** le plus haut *rooftop bar* de Brooklyn	Spectacle à **Broadway**	Match **NBA** des New York Knicks ou des Brooklyn Nets (ou d'un autre sport en fonction du calendrier)	Prendre un verre dans le *speakeasy* **The Back Room**

	Dimanche	Lundi	Mardi
Matin	Petit déjeuner à Harlem (par exemple au **Harlem Shake**) 10h **Messe gospel** à Harlem Balade à **Harlem** (Malcolm X Blvd, Adam Clayton Powell Jr Blvd, Apollo Theater…)	Prendre le **Staten Island Ferry** (gratuit) au Whitehall Terminal pour faire une balade à **Staten Island** (cf. page 149 pour un parcours-type) Retour à Manhattan par le Staten Island Ferry	9h Observatoire de l'**Empire State Building**
Après-midi	Prendre le métro B ou C et descendre à la station 96 St. Balade à **Central Park** (The Reservoir, Belvedere Castle, the Loeb Boathouse, Bethesda Fountain, Strawberry Fields, Sheep Meadow, the Pond…) Aller à **Colombus Circle** puis prendre la direction de Times Square	Balade dans **Financial District** (Wall Street, Memorial 9/11, One WTC, St. Paul's Chapel, City Hall…) Traversée du **Brooklyn Bridge** et balade au **Brooklyn Bridge Park**	**Jeu de piste dans Midtown** par *New York en français* avec, à mi-parcours, la possibilité de visiter l'observatoire du **Summit One Vanderbilt** Balade à **Central Park**
Soir	Diner au **Ellen Stardust Diner** et balade à **Times Square** Prendre un verre dans le *rooftop bar* **The Press Lounge**	Diner dans un **club de jazz** de Greenwich Village	19h **Apéro BPVNY** à OCabanon (245 W 29th Street) 22-23h **Empire State Building** (2e entrée le même jour incluse dans le NY CityPASS)

Mercredi	Jeudi	Vendredi	Samedi
Petit déjeuner dans un **diner** typiquement américain	Au choix : **Tour en hélico** ou visite du **One World Observatory**		9h Observatoire du **Top of the Rock**
		Balade (ou visite guidée *New York en français*) à **SoHo**, **Greenwich Village** et **Meatpacking District**	Descendre jusqu'au **Madison Square Park** pour voir le **Flatiron Building** puis continuer en direction du sud pour découvrir **Union Square**
10h-16h **Excursion à vélo dans le Brooklyn insolite** (visite guidée) par *New York en français*	11h-14h **Food Tour** **à East Village** par *New York en français*		
		Déjeuner au **Chelsea Market**	Rallier **SoHo** via **Broadway** pour faire un peu de shopping
		Monter la **High Line** de Meatpacking District à 34th Street	Enfin, balade dans **Little Italy** et **Chinatown**
	Balade dans les quartiers de **Bushwick** et **Williamsburg** (Brooklyn)	Observatoire **The Edge**	**Croisière** par *New York en français*
Séance photo par *New York en français* sur DUMBO et Brooklyn Bridge Park		Shopping sur **34th Street** (Macy's…)	
Match **NBA** des New York Knicks ou des Brooklyn Nets (ou d'un autre sport en fonction du calendrier)	Diner dans un resto de **Williamsburg** (Brooklyn)	Diner chez **Burger & Lobster** (près du Flatiron Building)	Spectacle à **Broadway**
	Prendre un verre au **Westlight**, le plus haut *rooftop bar* de Brooklyn	Prendre un verre dans le *speakeasy* **The Back Room**	

	Dimanche	Lundi	Mardi
Matin	Petit déjeuner à Harlem (par exemple au **Harlem Shake**) 10h **Messe gospel** à Harlem Balade à **Harlem** (Malcolm X Blvd, Adam Clayton Powell Jr Blvd, Apollo Theater…)	9h Observatoire du **Top of the Rock**	9h Observatoire de l'**Empire State Building** Descendre jusqu'au **Madison Square Park** pour voir le **Flatiron Building** puis continuer en direction du sud pour découvrir **Union Square**
Après-midi	Visite guidée de **Central Park à vélo** par *New York en français*	**Jeu de piste dans Midtown** par *New York en français* avec, à mi-parcours, la possibilité de visiter l'observatoire du **Summit One Vanderbilt** Balade à **Central Park**	Rallier **SoHo** via **Broadway** pour faire un peu de shopping Enfin, balade dans **Little Italy** et **Chinatown** **Croisière** par *New York en français*
Soir	Diner au **Ellen Stardust Diner** et balade à **Times Square** Prendre un verre dans un *rooftop bar*, par exemple à **The Skylark**	**Diner-croisière**	19h **Apéro BPVNY** à OCabanon (245 W 29th Street) 22-23h **Empire State Building** (2e entrée le même jour incluse dans le NY CityPASS)

Mercredi	Jeudi	Vendredi	Samedi
Balade à **Chinatown**, **Little Italy** et dans le **Lower East Side**	Petit déjeuner dans un **diner** typiquement américain	Balade autour de **The Vessel**	Aller-retour avec le **Ferry de Staten Island** (gratuit) pour passer à proximité de la statue de la Liberté et admirer la *skyline*
Food Tour à East Village par *New York en français*	10h-16h **Excursion à vélo dans le Brooklyn insolite** (visite guidée) par *New York en français*	Balade sur la **High Line** (au départ de 34th Street en direction du sud)	Balade dans **Financial District** (Wall Street, Memorial 9/11, One WTC, St. Paul's Chapel, City Hall…)
Tour en hélico (South Street Seaport)	**Séance photo** par *New York en français* sur DUMBO et Brooklyn Bridge Park	Déjeuner au **Chelsea Market**	14h30-18h00 Visite guidée **Street art et culture hipster à Brooklyn** par *New York en français*
Observatoire du **Summit One Vanderbilt** (au coucher du soleil)	Apéro ou digestif au **Jimmy at the James** (SoHo)	Tour au choix : **Sex and the City Tour**, **New York TV & Movie Sites Tour**, **Gossip Girl Tour**…	Spectacle à **Broadway**
Match **NBA** des New York Knicks ou des Brooklyn Nets (ou d'un autre sport en fonction du calendrier)	**Soirée clubbing**	Après le diner, faire un tour en **limousine**, puis prendre un verre dans le *speakeasy* **Beauty & Essex**	

	Dimanche	Lundi	Mardi
Matin	Petit déjeuner à Harlem (par exemple au **Harlem Shake**) 10h **Messe gospel** à Harlem **Brunch** à Harlem	9h Visite de la **statue de la Liberté** et du **musée d'Ellis Island**	9h Observatoire de l'**Empire State Building** Descendre jusqu'au **Madison Square Park** pour voir le **Flatiron Building** puis continuer vers le sud pour découvrir **Union Square** Rejoindre 5th Avenue et descendre jusqu'à **Washington Square Park** pour visiter le quartier de **Greenwich Village**
Après-midi	14h-17h30 Visite guidée de **Harlem** par *New York en français* Balade à **Central Park**	Balade dans **Financial District** (Wall Street, Memorial 9/11, One WTC, St. Paul's Chapel, City Hall…) Traversée du **Brooklyn Bridge** et balade au **Brooklyn Bridge Park**	Rallier **Meatpacking District** et déjeuner au **Chelsea Market** (s'il n'est pas trop tard, sinon prenez-y un gouter) Balade sur la **High Line**
Soir	Diner au **Ellen Stardust Diner** et balade à **Times Square** Prendre un verre dans un *rooftop bar*, par exemple au **Monarch Rooftop**	Diner chez **Burger & Losbter** (près du Flatiron Building) Prendre un verre dans un *speakeasy*, par exemple au **The Back Room**	19h **Apéro BPVNY** à OCabanon (245 W 29th Street) 22-23h **Empire State Building** (2e entrée le même jour incluse dans le NY CityPASS)

Mercredi	Jeudi	Vendredi	Samedi
Petit déjeuner dans un **diner** typiquement américain		9h Observatoire du **Top of the Rock**	
	9h-12h30 Visite guidée de **Central Park à vélo** par *New York en français*		Balade à **SoHo**, **Chinatown**, **Little Italy**, dans le **Lower East Side** et **East Village**
Visite du **MoMA**		Visite de **The Intrepid Sea**, **Air & Space Museum**	
Balade dans **Midtown** (Grand Central Terminal, New York Public Library, St. Patrick's Cathedral, Bryant Park, 5th Avenue…)	Visite du **MET** (The Metroplolitan Museum of Art)	**Tour en hélico** (South Street Seaport)	14h30-18h Visite guidée **Street art et culture hipster à Brooklyn** par *New York en français*
Observatoire du **Summit One Vanderbilt** (au coucher du soleil)	Visite du **Guggenheim Museum**	Visite du **musée du 11-Septembre**	
Après le diner, écouter de la **musique live**, par exemple du jazz dans un club comme le **Cellar Dog** (ancien Fat Cat)	Match **NBA** des New York Knicks ou des Brooklyn Nets (ou d'un autre sport en fonction du calendrier)	Spectacle à **Broadway**	Diner dans un resto de **Williamsburg** (Brooklyn) Prendre un verre au **Westlight**, le plus haut *rooftop bar* de Brooklyn

Votre planning

	1er jour	2e jour	3e jour
Matin			
Après-midi			
Soir			

4e jour	5e jour	6e jour	7e jour

Votre planning

	8e jour	9e jour	10e jour
Matin			
Après-midi			
Soir			

11e jour	12e jour	13e jour	14e jour

Votre planning BPVNY

du 1er au 7e jour

1. Créez votre planning sur **go-ny.fr/plan**
2. Cliquez sur "Exporter mon planning" (vous obtiendrez un fichier au format PDF)
3. Imprimez votre planning (à l'échelle 100 %), découpez-le et pliez-le en deux
4. Collez votre planning sur cette page conformément au schéma ci-dessus
5. Le cas échéant, collez la deuxième partie de votre planning sur la page de droite

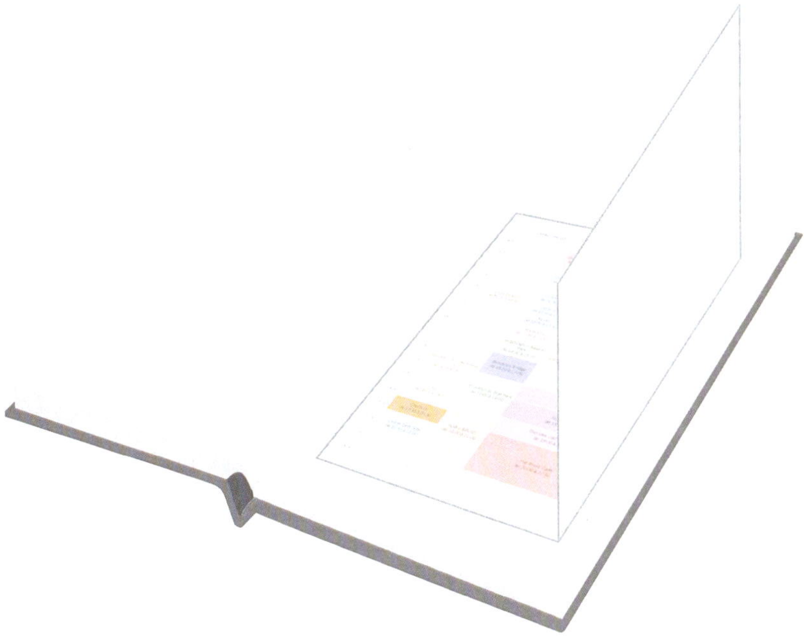

N
THE BRONX
H
G
F
MANHATTAN
E
D
I
B
C
J
QUEENS
A
K
BROOKLYN
STATEN
ISLAND
L
5 km

Cartes à explorer et à personnaliser

Carte A
TriBeCa, Financial District, DUMBO, Brooklyn Heights

Carte B
Greenwich Village, SoHo, West Village

Carte C
SoHo, Little Italy, Lower East Side, East Village, Gramercy Park

Carte D
Chelsea, Flatiron District, Midtown

Carte E
Hell's Kitchen, Midtown East, Midtown (nord), Upper West Side (sud), Upper East Side (sud)

Carte F
Upper West Side (nord), Upper East Side (nord)

Carte G
Harlem (sud), East Harlem, Morningside Heights

Carte H
Harlem (nord), Washington Heights, The Bronx

Carte I
Queens

Carte J
Williamsburg, Bushwick, Greenpoint

Carte K
Brooklyn (centre)

Carte L
Brooklyn (sud), Staten Island

Carte C
N
B-C
K
Hudson
River
East
River
Holland Tunnel
Spring St
Delancey St
Delancey St.
Essex St
Bowery
Grand St
Canal St
Franklin St
Chambers St
City Hall
Brooklyn Bridge-City Hall
Park Pl
World Trade Center
World Financial Center
Fulton St
Wall St
Rector St
Broad St
Bowling Green
Whitehall St
South Ferry
BMB
Ferry to Liberty Statue
Wall Street-Pier 11
New York Waterway Paulus Hook
Ellis Island
Liberty Island
Dumbo
York St
High St
Clark St
Court St
Manhattan Bridge
Brooklyn Bridge
FDR Drive
Brooklyn Queens Expy
Columbia Heights
Hugh L. Carey Tunnel
Vandam St.
Spring St.
Dominick St.
Broome St.
Watts St.
Canal St.
Howard St.
Lispenard St.
Walker St.
White St.
Franklin St.
Leonard St.
Worth St.
Thomas St.
Duane St.
Reade St.
Chambers St.
Warren St.
Murray St.
Park Pl.
Barclay St.
Vesey St.
Dey St.
John St.
Liberty St.
Cedar St.
Pine St.
Albany St.
Carlisle St.
Rector Pl.
W. Thames St.
Morris St.
Battery Pl.
Stone St.
Beaver St.
Old Slip
Maiden Ln.
Fletcher St.
Ann St.
Spruce St.
Beekman St.
Dover St.
Pearl St.
Water St.
Front St.
South St.
Bayard St.
Pell St.
Division St.
Hester St.
Grand St.
Madison St.
Henry St.
Cherry St.
Monroe St.
Catherine St.
Catherine Slip
Market St.
Pike St.
Rutgers St.
Allen St.
Orchard St.
Ludlow St.
Essex St.
Clinton St.
Pitt St.
Montgomery St.
Gouverneur
Jackson St.
Eldridge St.
Forsyth St.
Elizabeth St.
Mott St.
Mulberry St.
Baxter St.
Centre St.
Lafayette St.
Crosby St.
Broadway
Mercer St.
Greene St.
Wooster St.
W. Broadway
Thompson St.
Sullivan St.
6th Ave.
Varick St.
Hudson St.
Greenwich St.
Washington St.
West St.
Desbrosses St.
Vestry St.
Laight St.
Hubert St.
N. Moore St.
Harrison St.
Church St.
Elk St.
Nassau St.
Gold St.
William St.
Cliff St.
Trinity Pl.
South End Ave.
North End Ave.
River Terrace
Little W. St.
Whitehall St.
State St.
Park Row
Ave. of the Finest
Wagner Sr. Pl.
Madison St.
St James Pl.
E. Broadway
Water St.
John St.
Jay St.
Plymouth St.
Adams St.
Washington St.
Front St.
Old Fulton St.
Prospect St.
Doughty St.
Vine St.
Furman St.
Poplar St.
Middagh St.
Cranberry St.
Orange St.
Pineapple St.
Clark St.
Willow St.
Hicks St.
Henry St.
Monroe Pl.
Pierrepont St.
Montague St.
Remsen St.
Joralemon St.
State St.
Atlantic Ave.
Clinton St.
Cadman Plaza E.
Cadman Plaza W.
Tillary St.
Brooklyn Bridge
Pearl St.
0
200
400m

A TriBeCa, Financial District, DUMBO, Brooklyn Heights

L'essentiel

De l'effervescence de Wall Street à l'émotion de Ground Zero, des ferries de Battery Park aux vieux gréements de South Street Seaport, des lofts dorés de TriBeCa aux gargotes de Chinatown, de la statue de la Liberté au Musée de l'immigration d'Ellis Island, de Brooklyn Bridge Park à DUMBO… Que de choses à faire et à voir dans ces quartiers historiques de la ville !

Tourisme	★★★★★
Shopping	★★
Sorties	★★
Tranquillité	★★
Vie locale	★
Logement	★★★
Tarifs	★★

(Légende p. 13)

☆ Les incontournables

Statue de la Liberté

La "Liberté éclairant le monde" rayonne bien au-delà des frontières de la ville. Elle est devenue un symbole d'indépendance universel. Immanquable !

9/11 Memorial and Museum

Souvenirs tragiques des attentats du 11 septembre, le mémorial et son musée sont aussi impressionnants par leur taille que par leur charge émotionnelle.

Brooklyn Bridge Park

Vous apprécierez ses espaces verts et ses promenades, que ce soit pour faire votre jogging ou pour vous détendre et profiter de la vue !

Tour en hélico

Offrez-vous une expérience à couper le souffle : un survol de New York en hélico ! Vous en garderez un souvenir impérissable.

go-ny.fr/
nycferry

Baladez-vous sur l'East River avec le NYC Ferry !

Et si je vous disais qu'à New York vous pouvez vous offrir une croisière pour le prix d'un ticket de métro ? Eh oui, le ferry est un mode de transport comme un autre dans la Grosse Pomme, et pour les touristes que nous sommes c'est une véritable aubaine, car la vue sur Manhattan et Brooklyn est extraordinaire, et la balade des plus agréables.

Carte A

TriBeCa, Financial District, DUMBO, Brooklyn Heights

Musées, monuments… | Restos, bars… | Shopping | Pâtisseries | Loisirs | Hotspots photo

1 New York City Hall
L'Hôtel de ville date du début du 19e siècle, il est classé site historique national.
City Hall Park

2 One World Observatory
Le One World Trade Center abrite le plus haut observatoire de New York!
1 World Trade Center
TLJ 9h-21h

3 Saint Paul's Chapel
Cette église du 18e siècle a survécu au Grand Incendie de 1776 et aux attentats de 2001!
209 Broadway

4 Brooklyn Bridge
Ce pont suspendu qui relie Brooklyn à Manhattan est l'un des symboles historiques de la ville. Traversez-le à pied ou à vélo!

5 9/11 Memorial & Museum ☆
Site commémoratif des attentats du 11 septembre 2001.
180 Greenwich Street
Memorial : TLJ 10h-17h
Museum : J-L 10h-17h

6 Wall Street
La célèbre bourse de New York et ses *golden boys* qui spéculent sur les marchés financiers!
11 Wall Street

7 Charging Bull
Le taureau d'Arturo Di Modica symbolise "la force, le pouvoir et l'espoir" du peuple américain!
Broadway & Morris Street

8 Musée d'Ellis Island
Le musée de l'Immigration d'Ellis Island est un passage obligé pour mieux comprendre l'histoire de New York et des États-Unis.
TLJ 9h-15h30 (horaires du ferry)

9 Statue de la Liberté ☆
Offerte par la France en 1886, la statue d'Auguste Bartholdi est aujourd'hui le monument le plus emblématique de New York!
TLJ 9h-15h30 (horaires du ferry)

1 Jimmy at The James
Rooftop bar tendance qui vous offrira une superbe vue sur SoHo et le One World Trade Center.
15 Thompson Street
L-Me 17h-1h, J-V 17h-2h, S 15h-2h, D 15h-1h

2 Maman 👍
L'endroit idéal pour prendre un bon petit déjeuner avant d'attaquer une grosse journée! Paisible et bohème.
211 West Broadway
$ L-V 7h-18h, S-D 8h-18h

3 Apotheke
Cet excellent speakeasy se niche dans une vieille pharmacie de Chinatown. Une petite enseigne de chimiste indique son entrée!
9 Doyers Street
Ma-S 18h30-2h, D 18h30-0h

4 The Patriot Saloon
Dépaysement assuré dans ce bar country où les serveuses dansent sur le comptoir! Bonnes bières.
110 Chambers Street
$$ L-Ma 13h30-1h, Me-S 11h30-2h

5 Time Out Market 👍
Food Court du célèbre magazine américain *Time Out*. Nombreux restos et bars, *rooftop* avec vue…
55 Water Street, Brooklyn
D-J 8h-22h, V-S 8h-23h

6 Shake Shack
La référence du burger à New York, avec ses frites dorées et croustillantes à souhait!
215 Murray St., 200 Broadway (2e étage), 1 Old Fulton (Brooklyn)
$ TLJ approx. 11h-22h

7 The River Café 👍
Restaurant aménagé sur une péniche au pied du Brooklyn Bridge. Cher mais excellent!
1 Water Street, Brooklyn
$$$$$ Me-D 17h30-22h30

8 Harriet's Rooftop 👍
Incontestablement l'un des plus beaux *rooftop bars* de la ville! Entrée sur réservation.
60 Furman Street, Brooklyn
TLJ 13h-20h
Fermé de fin octobre à mi-avril.

9 Luke's Lobster
Les spécialiste des hotdogs au homard, à la crevette et au crabe. Pas donné mais top!
11 Water Street, Brooklyn
26 South William Street
$$$ TLJ approx. 11h-19h

10 Adrienne's Pizzabar
Des pizzas au four à bois comme on aimerait en manger plus souvent!
54 Stone Street
$$ L-Me 11h30-23h, J-S 11h30-0h, D 11h30-22h

1 Kate Spade
L'une des boutiques de mode préférées des New-Yorkaises pour les sacs, bijoux, accessoires…
454 Broome Street
L-S 11h-18h, D 12h-18h

2 PIQ
Super magasin de souvenirs et de *goodies* new-yorkais dont une ligne signée Mark Tetro.
420 Broadway
L-S 11h-19h, D 11h-18h

3 Whole Foods Market
Mon enseigne préférée pour faire les courses et/ou acheter des plats à emporter.
270 Greenwich Street
TLJ 7h-23h

4 Brookfield Place
Le World Financial Center a été rénové et rebaptisé après les attentats de 2001. Son atrium commercial est splendide.
230 Vesey Street
L-S 10h-20h, D 12h-18h

1 The Blond
Niché au sous-sol de l'hôtel 11 Howard, ce bar lounge se transforme en discothèque à partir de 22h. Bonne musique, bons cocktails. Tenue correcte ou tendance pour entrer.
11 Howard Street
Bar : L-S 17h-22h
Club : L-S 22h-4h

2 Colombus Park
L'un des lieux de prédilection de la communauté chinoise. On y voit des pratiquants de tai-chi-chuan, des joueurs de mah-jong…

3 South Street Seaport
Le port historique de New York offre à voir de beaux navires. Le quartier abrite un marché, un très beau musée dédié à la marine du 19e siècle, ainsi que des rues commerçantes très sympas, comme Fulton Street.

4 Brooklyn Bridge Park ☆
Ouvert en 2010, ce parc illustre bien la politique de la ville en matière d'aménagement des espaces de détente et de loisirs…

5 Héliport ☆
Si vous rêvez de faire un tour en hélico au-dessus de New York, c'est ici que ça se passe!
6 East River Piers

6 Battery Park
Agréable parc à la pointe sud de Manhattan et embarcadère des ferries à destination de Liberty Island, Staten Island…

1 Caserne de pompiers du film *Ghostbusters*
Pour les nostalgiques du film *SOS Fantômes*, sorti en 1984.
14 North Moore Street

2 Pebble Beach
L'endroit idéal pour faire de superbes photos de la *skyline*, de jour comme de nuit!

3 Washington Street
La vue offerte par cette rue est celle que l'on retrouve sur l'affiche du film *Il était une fois en Amérique* de Sergio Leone. Une photo immanquable!
Washington Street, Brooklyn

4 Squibb Park & Bridge
Cette passerelle relie Brooklyn Bridge Park (Pier 1) au Squibb Park et offre un panorama de toute beauté. Vous apprécierez les jeux de lumière produits par le lever et le coucher du soleil.
TLJ 8h-22h

5 Brooklyn Heights Promenade 👍
Construite au-dessus d'une voie rapide, cette promenade est un passage obligé pour les amateurs de jolies vues. Longue d'un peu plus d'un demi-kilomètre, vous aurez tout loisir de contempler Brooklyn Bridge Park, l'East River et la *skyline* de Manhattan.

6 Joralemon Street
Magnifique rue du quartier de Brooklyn Heights avec ses maisons de briques à trois étages, typiques des années 1830 (style néogrec).

Légende
👍 Les suggestions d'Alex
☆ Les incontournables
Horaires d'ouverture
$ Tarifs moyens

Les horaires et tarifs sont donnés à titre indicatif.

Les tarifs correspondent au prix moyen d'un plat (le soir) :
$ moins de 10 dollars
$$ 10 à 15 dollars
$$$ 15 à 25 dollars
$$$$ 25 à 40 dollars
$$$$$ plus de 40 dollars

Les suggestions d'Alex

Maman (photo ci-contre)
Créé par le chef français Armand Arnal, ce *coffee-bakery* est très sympa pour prendre un bon petit déjeuner avant une longue journée de marche. Vous apprécierez son ambiance cosy, ses boissons chaudes et ses pâtisseries "comme à la maison".

Les hotspots photo de Brooklyn
Depuis Brooklyn Heights Promenade, Squibb Park and Bridge ou encore Harriet's Rooftop, vous aurez une vue à couper le souffle sur Brooklyn Bridge Park et la *skyline* de Manhattan !

Time Out Market
Ce *food court* propose une excellente sélection de restos de Brooklyn et Manhattan. Chacun y trouvera son bonheur et l'assurance de passer un bon moment dans un cadre original.

The River Café
Vous cherchez une table romantique et classe pour un diner en amoureux ? Je vous invite à tester The River Café, son décor idyllique, son excellente carte et sa vue sur la *skyline* !

Vos adresses et bons plans

Ajoutez vos propres points d'intérêt en utilisant les gommettes prévues à cet effet. Les gommettes fonctionnent par paires : collez la première à l'endroit souhaité sur la carte et la seconde dans l'un des encarts ci-dessous, afin d'y associer une description.

Hudson
River
NEW JERSEY
Carte A
High Line
9th Ave.
10th Ave.
13th Ave.
W. 17th St.
W. 16th St.
W. 15th St.
W. 14th St.
W. 13th St.
W. 12th St.
W. 11th St.
W. 10th St.
W. 9th St.
W. 8th St.
Little W. 12th St.
Gansevoort St.
Horatio St.
Jane St.
Bethune St.
Bank St.
Perry St.
Charles St.
Christopher St.
Barrow St.
Morton St.
Leroy St.
Clarkson St.
W. Houston St.
King St.
Charlton St.
Vandam St.
Spring St.
Dominick St.
Watts St.
Canal St.
Desbrosses
Vestry St.
Laight St.
West St.
Washington St.
Greenwich St.
Hudson St.
8th Ave.
7th Ave.
7th Ave. S.
Greenwich Ave.
Waverly Pl.
Grove St.
Bleecker St.
Bedford St.
Jones St.
Cornelia St.
Carmine St.
St Lukes Pl.
Downing St.
Varick St.
Renwick St.
Ave. of the Americas (6th Ave.)
5th Ave.
Wash. Sq. W.
Wash. Sq. E.
Washington Square N.
Washington Square S.
W. 3rd St.
MacDougal St.
Sullivan St.
Thompson
La Guardia Pl.
Wooster St.
W. Broadway
Greene St.
Grand St.
Prince St.
W. Houston St.
Holland Tunnel
14 St
18 St
8 Ave
Christopher St-Sheridan Square
W 4 St
Houston St
Spring St
Canal St
Franck Sinatra Drive
Observer Hwy
Newark St.
1st St.
2nd St.
3rd St.
4th St.
5th St.
7th St.
8th St.
9th St.
11th St.
14th St.
Garden St.
Bloomfield St.
Washington St.
Court St.
Hudson St.
River St.
Marine View Plaza
0
200
400m

B Greenwich Village, SoHo, West Village

L'essentiel

Voilà des quartiers de Manhattan que j'affectionne particulièrement. J'aime me promener dans cette partie de la ville qui recèle une infinité de boutiques, bars, restos, clubs de jazz… Ici, les gratte-ciels ont laissé la place aux bâtiments de brique et leurs fameux balcons en fer forgé (*cast-irons*). On retrouve des espaces à échelle humaine, qui respirent l'authenticité et le quotidien des New-Yorkais…

Tourisme	★★★★★
Shopping	★★
Sorties	★★★★★
Tranquillité	★★★★★
Vie locale	★★★★★
Logement	★★
Tarifs	★

(Légende p. 13)

☆ Les incontournables

Washington Square

Lieu très prisé par les étudiants de la New York University ainsi que par les musiciens, artistes de rue et joueurs d'échecs ! Animation garantie, notamment le weekend.

High Line

La fameuse "coulée verte" de New York ! Cette ancienne ligne de chemin de fer transformée en jardin suspendu est une véritable bénédiction pour les promeneurs !

Clubs de jazz & blues

Greenwich Village compte plusieurs bars et clubs de jazz parmi les meilleurs de la ville, tels que Smalls Jazz Club ou The Blue Note. Pour une soirée en toute décontraction !

Meatpacking District

Des anciens abattoirs, Meatpacking n'a conservé que les rues pavées. Le quartier est aujourd'hui très en vogue avec ses restos, ses night-clubs…

Visite guidée de SoHo, Greenwich Village…

go-ny.fr/
nyef-soho

Marre des bus bondés de touristes et des audioguides ? Envie d'authenticité ? Je vous propose de découvrir les quartiers de SoHo, Greenwich Village et Meatpacking District en petit comité et en français dans le texte ! Plus qu'une visite guidée, offrez-vous une véritable immersion dans la vie des quartiers new-yorkais !

Carte B Greenwich Village, SoHo, West Village

Musées, monuments… | Restos, bars… | Shopping | Pâtisseries | Loisirs | Hotspots photo

1 Whitney Museum of America Art 👍
Beau musée d'art contemporain américain. La visite peut facilement se faire avant ou après une balade sur la High Line.

99 Gansevoort Street
D-L, Me-J 10h30-18h, V-S 10h30-22h

2 NYC Fire Museum
Ce musée, qui date de 1934, retrace la tumultueuse histoire des pompiers de New York.

278 Spring Street
Me-D 10h-17h

1 Five Guys
Le fastfood préféré d'Obama ! Excellents burgers à composer soi-même et frites fraiches !

56 West 14th Street
296 Bleecker Street
$ TLJ 11h-22h

2 Bars/restos/club du Standard Hotel
À cheval sur la High Line, cet hôtel propose pas moins de trois bars, deux restos et un club !

848 Washington Street

3 Gansevoort Rooftop
Rooftop bar de l'hôtel Gansevoort, avec sa piscine et sa jolie vue…

18 9th Avenue
M 16h-0h, J-S 13h-2h, D 14h-22h

4 Murray's Bagel
Les bagels les plus connus et reconnus de New York !

500 Avenue of the Americas
$$ L-V 6h-16h, S-D 7h-16h

5 Corner Bistro
Cuisine typiquement américaine dans ce resto aux airs de pub sportif (matchs diffusés à la TV).

331 West 4th Street
$ D-Me 11h30-2h, J-S 11h30-4h

6 The Butcher's Daughter
Une adresse *trendy* pour boire et/ou manger des produits frais, végé, sans gluten, détox…

581 Hudson Street
$$ D-J 8h-21h, V-S 8h-22h

7 Tacombi
Convivial, coloré et plutôt bon marché, ce resto mexicain est un vrai bon plan. Excelllents tacos !

255 Bleecker Street
$ TLJ 11h-23h

8 Minetta Tavern
Ouvert en 1937 et jadis fréquenté par Ernest Hemingway, Ezra Pound ou Dylan Thomas, ce resto est une véritable institution !

113 Macdougal Street
$$$$ TLJ 17h-0h, J-V 12h-15h30, S-D 11h-15h30

9 Cuba 👍
Une cuisine cubaine authentique, de la musique live, du bon rhum et des cigares roulés à la main. Top !

222 Thompson Street
$ D-Me 12h-22h, J 12h-23h, V-S 12h-0h

10 Bareburger
Très bon fastfood, quoique pas donné ($13 env. le burger seul), avec des produits frais et bio !

535 LaGuardia Place
$$ TLJ 11h30-21h45

11 The Grey Dog
Très agréable coffee shop ouvert en 1996 par deux frères en quête de simplicité et de convivialité.

49 Carmine Street
$$ L 8h-20h30, Ma-V 8h-21h30, S 9h-21h30, D 9h-20h30

12 Essen Fast Slow Food
Deli qui propose un buffet avec de bons plats cuisinés et équilibrés. Paiement des portions au poids.

160 Varick Street
TLJ 6h-18h

1 Beacon's Closet
La friperie la plus populaire de New York ! Classique, vintage, tendance… on y trouve absolument tout, à condition de bien chercher.

10 West 13th Street
TLJ 11h-20h

1 Barachou
Pâtisserie française qui revisite les choux à la crème avec délice ! Propose aussi des gâteaux et des "viennoiseries bien de chez nous".

15 8th Avenue
TLJ 10h-18h

2 Magnolia Bakery
Célèbre pâtisserie spécialiste du cupcake, *girly* à souhait !

401 Bleecker Street
D-J 10h-21h, V-S 10h-22h

3 Dominique Ansel Bakery
Cronuts et burgers kouign-amann ont fait sa réputation ! Le *cronut* étant le croisement inattendu d'un croissant et d'un donut !

43 Spring Street
L-J 8h-19h, V-S 8h-20h, D 9h-19h

1 High Line ☆
Très belle promenade surélevée et végétalisée de 2,3 km de long au-dessus de Chelsea, Gérée par une asso à but non lucratif qui anime des visites, des expos…

TLJ 7h-23h

2 Meatpacking District nightclubs ☆
Un quartier qui regorge de dancefloors : Le Bain, Electric Room, Red Rabbit Club, 1 OAK, SNS Bar…

3 Little Island 👍
Petite ile artificielle née de l'imagination d'un riche mécène inspiré par la forme d'une feuille flottant sur l'eau…

Pier 55, Hudson River Park
TLJ cf. site officiel (horaires variables et réservation parfois nécessaire).

4 Village Vanguard
Célèbre club de jazz fondé en 1935 où se sont produits les plus grands jazzmen.

178 7th Avenue South
TLJ 19h30-0h

5 Smalls Jazz Club
Ce club underground fait aujourd'hui partie des scènes jazz les plus prisées de New York !

183 West 10th Street
L-V 19h05-4h, S-D 16h-4h

6 Cellar Dog 👍
Si vous aimez les jeux et les concerts de jazz, ce bar est fait pour vous !

75 Christopher Street
Me-J 16h-2h, V 16h-4h, S 14h-4h, D 16h-2h

7 Marie's Crisis Cafe
Un bar gay où l'on chante à tue-tête les standards de Broadway et de Disney au son du piano !

59 Grove Street
TLJ 16h-4h

8 Washington Square ☆
Un superbe square où il fait bon se détendre et profiter des animations qui s'y déroulent régulièrement.

9 Blue Note
L'un des plus célèbres clubs de jazz de New York… mais aussi l'un des plus chers !

131 West 3rd Street
TLJ 18h-0h

10 Groove
Entre bar de quartier et salle de concert. Live de funk, soul ou R&B tous les soirs ! Gratuit du mardi au jeudi (enregistrement en ligne conseillé).

125 MacDougal Street
Ma-D 16h-2h

11 Cafe Wha?
Club mythique où se sont produits Bob Dylan, Jimmy Hendrix, Bruce Spingsteen ou encore Richard Pryor…

115 MacDougal Street
Me 20h-23h, J-S 20h-2h, D 20h-1h30

12 Terra Blues
L'un des meilleurs clubs de New York. De grands noms de la scène blues y jouent le jeudi soir !

149 Bleecker Street
D-J 18h30-2h30, V 18h30-3h30, S 18h-3h30

13 Hudson River Park
Voie verte qui court le long de l'Hudson entre 59th St. et Battery Park. Nombreux aménagements pour faire du sport et se détendre…

1 Newport et Hoboken
Les rives du New Jersey offrent de très belles vues sur Manhattan.

2 Vue sur le One WTC
La jetée qui permet de se rendre à Little Island offre une très jolie vue sur le One WTC, en particulier dans la lumière du soleil couchant.

3 Maison de Carrie Bradshaw
La maison de Sarah Jessica Parker dans la série TV *Sex and the City* !

66 Perry Street

4 Immeuble de la série TV *Friends*
Passage obligé pour tous les fans de la mythique série *Friends* !

Bedford Street & Grove Street

Légende
👍 Les suggestions d'Alex
☆ Les incontournables
Horaires d'ouverture
$ Tarifs moyens

Les horaires et tarifs sont donnés à titre indicatif.

Les tarifs correspondent au prix moyen d'un plat (le soir) :

$ moins de 10 dollars
$$ 10 à 15 dollars
$$$ 15 à 25 dollars
$$$$ 25 à 40 dollars
$$$$$ plus de 40 dollars

Les suggestions d'Alex

Whitney Museum of American Art (photo ci-contre)
Situé à l'extrémité sud de la High Line, le Whitney Museum met à l'honneur l'art contemporain américain dans des salles spacieuses et lumineuses. Plusieurs terrasses permettent de s'extraire du musée pour admirer la vue sur New York.

Cuba
Ce restaurant de NoHo propose de délicieuses spécialités carribéennes, accompagnées de musique live le weekend. Cuisine et ambiance au top, je recommande à 100%!

The Cellar Dog
J'ai eu un vrai coup de cœur pour cet endroit underground qui fait à la fois office de bar, de club de jazz et de salle de jeux!

Little Island
Très joli parc aménagé sur une ile artificielle de l'Hudson River. Allez y admirer le coucher du soleil et, en période estivale, assistez à un spectacle dans son amphithéâtre en plein air.

Vos adresses et bons plans

Ajoutez vos propres points d'intérêt en utilisant les gommettes prévues à cet effet. Les gommettes fonctionnent par paires : collez la première à l'endroit souhaité sur la carte et la seconde dans l'un des encarts ci-dessous, afin d'y associer une description.

East
River
N
D
I-J
B
J
A-K
Carte J
Carte A
E. 20th St.
E. 19th St.
E. 18th St.
E. 17th St.
E. 16th St.
E. 15th St.
E. 14th St.
E. 13th St.
E. 12th St.
E. 11th St.
E. 10th St.
E. 9th St.
E. 8th St.
E. 7th St.
E. 6th St.
E. 5th St.
E. 4th St.
E. 3rd St.
E. 2nd St.
E. 1st St.
E. Houston St.
W. Houston St.
Broadway
Park Ave. S.
University Pl.
4th Ave.
3rd Ave.
2nd Ave.
1st Ave.
Avenue A
Avenue B
Avenue C
Avenue D
FDR Drive
14 St - Union Square
3 Av
1 Av
Astor Pl
Waverly Pl.
Wash. Pl.
W. 4th St.
Great Jones St.
Bond St.
Bleecker St.
Bleecker St
Broadway-Lafayette St
Prince St
Prince St.
Spring St.
Spring St
Kenmare St.
Broome St.
Grand St.
Grand St
Howard St.
Canal St.
Canal St
Walker St.
Wooster St.
Mercer St.
Greene St.
Lafayette St.
Crosby St.
Mulberry St.
Mott St.
Elizabeth St.
Centre St.
Bowery
2 Av
Chrystie St.
Forsyth St.
Eldridge St.
Allen St.
Orchard St.
Ludlow St.
Essex St.
Norfolk St.
Suffolk St.
Clinton St.
Attorney St.
Ridge St.
Pitt St.
Columbia St.
Baruch Dr.
Stanton St.
Rivington St.
Delancey St.
Delancey St. N.
Delancey St
Essex St
Williamsburg Bridge
Hester St.
E. Broadway
Henry St.
Madison St.
Jackson St.
N. 6th St.-North Williamsburg
South Williamsburg
Quay St.
Gem St.
N. 15th St.
N. 14th St.
N. 13th St.
N. 12th St.
N. 11th St.
N. 10th St.
N. 9th St.
N. 8th St.
N. 5th
N. 4th
N. 3rd St.
N. 1st
Metropolitan Ave.
Grand St.
S. 1st St.
S. 4th
S. 5th St.
S. 6th St.
S. 8th St.
S. 10th St.
S. 11th St.
Kent Ave.
Wythe Ave.
Berry St.
Bedford Ave.
0
200
400m

C SoHo, Little Italy, Lower East Side, East Village, Gramercy Park

L'essentiel

C'est dans ces quartiers historiques que prend forme l'un des premiers vrais melting-pots. La cohabitation des immigrés (Irlandais, Anglais, Afro-Américains, Juifs, Italiens…) n'a pas toujours été heureuse (je vous renvoie par exemple au film *Gangs of New York* de Martin Scorsese) mais elle a par de nombreux aspects contribué à dessiner les contours de ce qu'on appelle encore aujourd'hui l'*American way of life*.

Tourisme	★★★★
Shopping	★★★★★
Sorties	★★★★★
Tranquillité	★★★★
Vie locale	★★★★★
Logement	★★★
Tarifs	★★★

(Légende p. 13)

☆ Les incontournables

Union Square

Carrefour historique de la ville, Union Square est aujourd'hui une place où l'on croise toutes sortes de gens, un lieu très vivant où il est agréable de faire une pause.

St. Marks Place

Cette portion de la 8e rue est considérée comme l'artère culturelle d'East Village. C'est toujours un plaisir de s'y arrêter pour prendre un verre et profiter d'un concert live…

Speakeasies

C'est dans les quartiers de LES et d'East Village que l'on recense le plus de *speakeasies*, ces fameux bars clandestins où l'on consommait de l'alcool durant la prohibition.

Séance shopping sur NoHo et SoHo

Des centaines de magasins vous attendent entre Union Square et Canal Street. C'est pour moi l'endroit le plus sympa pour faire du shopping à New York !

Visite guidée de LES, Chinatown et Little Italy

go-ny.fr/
nyef-les

Découvrez trois quartiers qui se ressemblent par leur unité architecturale autant qu'ils se distinguent par leur diversité sociale, religieuse et culturelle. Cette visite est assurée par un(e) guide français(e) et se déroule uniquement en petit groupe afin de faciliter les échanges (un peu comme si vous étiez entre amis).

Carte C

SoHo, Little Italy, Lower East Side, East Village, Gramercy Park

Musées, monuments… | Restos, bars… | Shopping | Pâtisseries | Loisirs | Hotspots photo

1 New Museum
Musée d'art contemporain créé en 1977 par Maria Tucker, ancienne conservatrice du Whitney Museum. L'immeuble du musée est en lui-même une oeuvre d'art !

235 Bowery
Ma-Me 11h-18h, J 11h-21h, V-D 11h-18h

2 Tenement Museum
Classé site historique, ce musée est consacré à l'histoire et à la vie des immigrés à New York. Une visite passionnante.

103 Orchard Street
TLJ 10h-18h

1 IHOP
L'International House Of Pancakes est le royaume du pancake ! Industriel mais bon et copieux.

235 East 14th Street
$$ TLJ 24h/24

2 Luke's Lobster
Le spécialiste des hotdogs au homard, à la crevette et au crabe. Pas donné mais top !

124 University Place
$$$ TLJ 11h-19h

3 Tompkins Square Bagels
Petit resto qui prépare de bons bagels typiquement new-yorkais. Large choix de pains, sauces…

184 2nd Ave & 165 Ave A
$$ TLJ 7h-17h

4 The Bean
Un coffee shop très agréable et lumineux servant de bons produits (café, smoothies, viennoiseries).

31 3rd Avenue, 54 2nd Avenue, 771 Broadway
$ TLJ 7h-0h

5 Shake Shack
La référence du burger à New York, avec ses frites dorées et croustillantes à souhait !

20 3rd Avenue
$ TLJ 10h30-23h

6 Crif Dogs & Please Don't Tell
Attention, un *speakeasy* se cache dans cette échoppe à hotdogs ! Réservation conseillée pour PDT.

113 St. Marks Place
Crif Dogs :
$ TLJ 11h30-2h
Please Don't Tell :
D-Me 17h-2h, J-S 17h-3h

7 St. Marks Place ☆
C'est LA rue où il fait bon sortir à East Village. Que ce soit pour chiner, prendre un verre ou manger un bout…

8 McSorley's Old Ale House
Le plus vieux pub irlandais de New York, longtemps réservé aux hommes !

15 East 7th Street
L-S 11h-1h, D 12h-1h

9 Caravan of Dreams
Cuisine végane et bio dans un cadre plutôt bohème. Musique live presque tous les soirs.

405 East 6th Street
$$ D-J 11h-23h30, V-S 11h-0h

10 The Bronx Brewery & Bastard Burgers
Ici vous pourrez manger un burger suédois avec une bière du Bronx !

64 2nd Avenue
L-J 16h-23h, V 16h-12h, S 12h-0h, D 12h-22h

11 Katz Delicatessen
Ce deli vend les plus célèbres sandwichs au pastrami de New York… depuis 1888 !

205 East Houston Street
$ L-V 8h-22h45, S-D 8h-23h

12 Clinton St. Baking Co. & Restaurant
Si on y sert de bons plats salés, ce sont bien les pancakes qui font sa renommée !

4 Clinton Street
$$ TLJ 9h-16h (brunch), Me-S 17h30-22h (diner)

13 Tacombi 👍
Convivial, coloré et plutôt bon marché, ce resto mexicain est un vrai bon plan. Excelllents tacos !

267 Elizabeth Street
$ TLJ 11h-23h

14 Mr. Purple
Très joli *rooftop bar* avec piscine au 15e étage de l'hôtel Indigo, dans le Lower East Side.

180 Orchard Street
$ D-Me 12h-2h, J 12h-3h, V-S 12h-4h

15 Beauty & Essex
Speakeasy néobaroque qui a servi de modèle au film *Gatsby le Magnifique* !

146 Essex Street
Ma-J 17h-23h, V-S 17h-0h, D 11h30-16h30 (brunch)

16 The Back Room 👍
Un *speakeasy* qui porte bien son nom. Secret et insolite, on y boit dans des tasses en porcelaine !

102 Norfolk Street
D-L 18h-1h, Ma-J 18h-2h, V-S 18h-4h

17 CloudM
Superbe rooftop bar situé au sommet de l'hôtel CitizenM. Un cadre et une vue au top !

189 Bowery
TLJ 16h30-0h30

18 The Butcher's Daughter
Une adresse *trendy* pour boire et/ou manger des produits frais, végé, sans gluten, détox…

19 Kenmare Street
$$ D-J 8h-21h, V-S 8h-22h

19 La Esquina
Une adresse populaire pour gouter aux standards de la cuisine mexicaine.

114 Kenmare Street
$ TLJ 12h-2h

20 Lēna
Resto-bar à vin tenu par un ancien rugbyman français. Parfait pour ceux qui ont le mal du pays.

137 Eldridge Street
$$$ L-V 17h-0h, S-D 12h-0h

1 Fishs Eddy
Boutique de souvenirs originaux à base de vaisselle décorée.

889 Broadway
L-S 10h-18h, D 11h-18h

2 Whole Foods Market
Mon enseigne préférée pour faire les courses et/ou acheter des plats à emporter.

4 Union Square South
95 East Houston Street
TLJ 7h-22h

3 Nordstrom Rack
Ce magasin propose, à l'instar de Century 21, des vêtements de grandes marques à prix cassés.

60 East 14th Street
TLJ 10h-21h

4 Flight Club
Cette boutique recèle le plus vaste choix de sneakers rares et de collection au monde !

812 Broadway
TLJ 11h-19h

5 Lids
Large choix de casquettes américaines, avec la possibilité de faire broder son nom dessus !

740 Broadway
L-S 11h-20h, D 11h-19h

6 SOUR PATCH KIDS Store
Aigre, puis doux mais toujours délicieux, telle est la promesse des bonbons Sour Patch Kids ! Une enseigne fun et colorée.

665 Broadway
TLJ 16h30-0h30

7 Séance shopping sur NoHo et SoHo ☆
Des centaines de boutiques diverses et variées : Aldo, Converse, Levi's, Forever 21, Kith, Nike… Il y en a pour tous les gouts et tous les styles.

8 Economy Candy
Cette boutique fondée en 1937 fait le bonheur des accros aux confiseries qui piochent parmi plus de 2000 références aussi bien actuelles que vintage !

108 Rivington Street
TLJ 12h-17h30

1 Butter Lane
Pâtisserie spécialisée dans les cupcakes. Elle propose même des cours (en anglais).

123 East 7th Street
Ma-J 12h-20h, V-S 12h-21h, D 12h-20h

2 Eileen's Special Cheesecake
Avis aux gourmands : les meilleurs cheesecakes de New York sont ici !

17 Cleveland Place
D-J 11h-19h, V-S 11h-20h

1 Union Square ☆
L'un de mes endroits préférés à New York, toujours très animé. Marché de petits producteurs tous les lun., mer. ven. et sam. de 8h à 18h toute l'année !

2 Tompkins Square Park
Ce parc de 4 hectares est le poumon vert d'Alphabet City. Il accueille chaque année le Charlie Parker Jazz Festival !

Légende
👍 Les suggestions d'Alex
☆ Les incontournables
Horaires d'ouverture
$ Tarifs moyens

Les horaires et tarifs sont donnés à titre indicatif.

Les tarifs correspondent au prix moyen d'un plat (le soir) :

$ moins de 10 dollars
$$ 10 à 15 dollars
$$$ 15 à 25 dollars
$$$$ 25 à 40 dollars
$$$$$ plus de 40 dollars

Les suggestions d'Alex

Tacombi
J'ai eu un vrai coup de cœur pour cette authentique chaine de restauration mexicaine. Et dire qu'au départ Tacombi servait ses tacos dans un combi Volkswagen sur une plage du Yucatan !

CitizenM (hôtel) / **CloudM** (*rooftop bar*) - (photo ci-contre)
Le CitizenM Bowery est un hôtel design avec une magnifique salle de déjeuner et de détente visible depuis le hall d'accueil. Son *rooftop bar* vaut également le détour tant la vue est belle.

The Butcher's Daughter
Les produits bio et *healthy* ont plus que jamais la cote à New York. En témoigne cette adresse qui sert uniquement des jus et produits frais, locaux, végé, sans gluten, sans lactose…

The Back Room
L'un des rares *speakeasies* de New York ayant ouvert durant la prohibition et toujours en activité aujourd'hui. Ambiance feutrée et (très) tamisée… À découvrir !

Vos adresses et bons plans

Ajoutez vos propres points d'intérêt en utilisant les gommettes prévues à cet effet. Les gommettes fonctionnent par paires : collez la première à l'endroit souhaité sur la carte et la seconde dans l'un des encarts ci-dessous, afin d'y associer une description.

N
E
B
J-I
W. 46th St.
W. 45th St.
W. 44th St.
W. 43rd St.
W. 42nd St.
W. 41st St.
W. 40th St.
W. 39th St.
W. 38th St.
W. 37th St.
W. 36th St.
W. 35th St.
W. 34th St.
W. 33rd St.
W. 32nd St.
W. 31st St.
W. 30th St.
W. 29th St.
W. 28th St.
W. 27th St.
W. 26th St.
W. 25th St.
W. 24th St.
W. 23rd St.
W. 22nd St.
W. 21st St.
W. 20th St.
W. 19th St.
W. 18th St.
W. 17th St.
W. 16th St.
W. 15th St.
E. 46th St.
E. 45th St.
E. 44th St.
E. 43rd St.
E. 42nd St.
E. 41st St.
E. 40th St.
E. 39th St.
E. 38th St.
E. 37th St.
E. 36th St.
E. 35th St.
E. 34th St.
E. 33rd St.
E. 32nd St.
E. 31st St.
E. 30th St.
E. 29th St.
E. 28th St.
E. 27th St.
E. 26th St.
E. 25th St.
E. 24th St.
E. 23rd St.
E. 22nd St.
E. 21st St.
E. 20th St.
E. 19th St.
E. 18th St.
E. 17th St.
E. 16th St.
E. 15th St.
12th Ave.
11th Ave.
10th Ave.
9th Ave.
8th Ave.
7th Ave.
6th Ave.
5th Ave.
Broadway
Madison Ave.
Park Ave.
Park Ave. S.
Lexington Ave.
3rd Ave.
2nd Ave.
1st Ave.
FDR Drive
Union Square W.
Lincoln Tunnel (Toll road)
Midtown-W. 39th St.
Lincoln Tunnel (Toll road)
42 St - Port Authority
Times Sq - 42 St
Times Sq - 42 St
5 Av
42 St- Bryant Pk
Grand Central - 42 St
34 St - Penn Station
34 St - Penn Station
34 St - Herald Sq
34 St - Hudson Yards
33 St
28 St
28 St
28 St
23 St
23 St
23 St
E 23 St - Broadway
18 St
14 St
14 St
8 Av
14 St - Union Sq
3 Av
1 Av
East River Ferry
0
200
400m

D Chelsea, Flatiron District, Midtown

L'essentiel

Bienvenue au cœur de Manhattan ! Les écrans géants de Times Square n'ont pas fini de vous faire tourner la tête ! À moins que vous ne fonciez voir la dernière comédie musicale à la mode, faire du shopping dans la très achalandée 34e rue ou visiter le quartier branché de Chelsea et ses nombreuses galeries d'art. Sans oublier les mille et une autres choses à voir et à faire !

Tourisme	★★★★★
Shopping	★★★★★
Sorties	★★★★★
Tranquillité	★★★★
Vie locale	★★
Logement	★★★★★
Tarifs	★

(Légende p. 13)

☆ Les incontournables

Bryant Park

Joli jardin à la française au cœur de Midtown. Apprécié par les touristes autant que par les locaux qui s'y pressent pour déjeuner, se détendre, et même jouer aux boules !

Empire State Building

Le plus emblématique des buildings de New York, rendu célèbre par le film *King Kong* en 1933. Montez-y tard le soir ou tôt le matin pour éviter les pics d'affluence.

Summit One Vanderbilt

Inauguré en 2020, cet observatoire propose une expérience inédite au sommet du plus haut gratte-ciel commercial de Midtown !

Grand Central Terminal

La majestueuse gare de Grand Central est l'un des joyaux de New York ! Postez-vous dans le hall et observez les incessants va-et-vient de la foule !

Carte D

Chelsea, Flatiron District, Midtown

Musées, monuments… | Restos, bars… | Shopping | Pâtisseries | Loisirs | Hotspots photo

1 ONU
Le siège des Nations Unies, au bord de l'East River. Visites guidées (en français) uniquement en semaine.
United Nations Plaza
L-V 9h-17h

2 Times Square
Le "carrefour du monde", centre névralgique du tourisme à New York ! Impressionnant.

3 Grand Central Terminal ☆
La sublime et mythique gare ferroviaire de New York.
87 East 42nd Street

4 Summit One Vanderbilt ☆
Le dernier-né des observatoires new-yorkais propose une expérience à nulle autre pareille !
45 East 42nd Street
D-L, Me-J 9h-21h30, V-S 9h-23h

5 Chrysler Building
Avec son style art déco, c'est pour moi le plus beau gratte-ciel de New York !
405 Lexington Avenue

6 Madame Tussauds
La version new-yorkaise du célèbre musée de cire fondé à Londres en 1835.
234 West 42nd Street
D-Me 10h-20h, J 10h-15h30, V-S 10h-22h

7 New York Public Library
La majestueuse bibliothèque publique de New York.
5th Avenue & 42th Street
L, J-S 10h-18h, D 13h-17h, Ma-Me 10h-20h

8 Empire State Building ☆
Il est et restera l'un des plus beaux symboles de New York. Et quelle vue lorsqu'on est tout là-haut !
350 5th Avenue
TLJ 8h-2h

9 Edge et City Climb 👍
Edge est un observatoire dernier cri dont la plateforme fait saillie et dispose d'un plancher en verre ! City Climb est une attraction pour amateurs de sensations fortes qui se déroule au sommet !
30 Hudson Yards
TLJ 10h-22h

10 Vessel
Cette structure et œuvre d'art en acier de 45 m a été ouverte au public puis fermée. À l'heure où j'écris ces lignes, il est possible de se rendre à son pied pour faire des photos, mais pas d'y monter.
30 Hudson Yards

11 Flatiron Building
À l'angle de la 5e et de Broadway, le Flatiron tire son originalité de sa forme en fer à repasser !
175 5th Avenue

1 2 Bros Pizza
$1.50 la part de pizza, $3.99 les deux parts avec un soda, oui, vous êtes bien chez 2 Bros Pizza !
31 West 46th Street
542 9th Avenue
557 et 288 8th Avenue
755 6th Avenue
$ TLJ approx. 11h-23h

2 Gotham West Market
Food court de Hell's Kitchen qui permet de tester 6 bons restos.
600 11th Avenue
D-J 11h-22h, V-S 11h-23h

3 Shake Shack
La référence du burger à New York, avec ses frites dorées et croustillantes à souhait. Le préféré des French Yorkers !
691 8th Avenue
49 Grand Central Terminal
120 West 42nd Street
600 3rd Avenue
1333 Broadway
20 Hudson Yards
Madison Square Park
$ TLJ approx. 11h-22h

4 Burger & Lobster 👍
Joli cadre et ambiance conviviale. Allez-y en famille et/ou entre amis. Burger, *lobster* ou les deux !
132 West 43rd Street
39 West 19th Street
$$$ TLJ approx. 12h-22h

5 The Skylark
Bar *rooftop* tendance avec vue sur Times Square d'un côté et l'Empire State Building de l'autre.
200 West 39th Street
L-V approx. 16h30-0h30, S-D sur privatisation

6 Refinery Rooftop
Le bar *rooftop* de l'hôtel Refinery a un charme fou et offre une vue incroyable !
63 West 38th Street
D-J 11h30-23h, V-S 11h30-1h

7 Monarch Rooftop Bar 👍
L'un de mes bars *rooftop* préférés pour l'ambiance et la vue qu'il offre sur l'Empire State Building.
71 West 35th Street
D-L 14h-1h, Ma-J 14h-2h, V-S 14h-4h

8 OCabanon
Bar-restaurant français où se déroulent les apéros BPVNY. Très bonne ambiance !
245 West 29th Street
$$ L-V 12h-21h, S 16h-21h

9 The Fleur Room
Superbe *rooftop bar* perché au 35e étage du Moxy Hotel et offrant une vue à 360°. Ambiance *afterwork* musicale et sympa.
105 West 28th Street
$$ Ma 17h-0h, Me 17h-2h, J-S 17h-4h

10 230 Fifth Rooftop
Probablement le *rooftop* le plus touristique, mais il faut avouer qu'il vaut le détour !
230 5th Avenue
L-J 14h-2h, V 14h-4h, S 11h-4h, D 11h-2h

11 Maman
L'endroit idéal pour prendre un bon petit déjeuner avant d'attaquer une grosse journée !
22 West 25th Street
$ L-V 7h30-18h, S-D 8h-18h

12 Tacombi
Convivial, coloré et plutôt bon marché, ce resto mexicain est un vrai bon plan. Excelllents tacos !
30 West 24th Street
$ TLJ 11h-23h

13 Eataly
Entre marché et *food court*, c'est le royaume de la cuisine italienne !
200 5th Avenue
$$$ TLJ 9h-22h

14 Chelsea Market
Le marché couvert le plus prisé de la Grosse Pomme. On y fait des emplettes et on y mange !
75 9th Avenue
TLJ 8h-21h

1 Séance shopping sur 34th Street
Des magasins au kilomètre autour du géant Macy's et ses 12 niveaux de boutiques !

2 B&H Photo Vidéo
Tout simplement le meilleur magasin pour tout ce qui touche au matériel photo, vidéo, Hi-Fi…
420 9th Avenue
L-J 10h-19h, V 10h-14h, D 10h-18h

3 Camp
À la fois magasin de jouets et espace de jeu pour enfants, Camp est une vraie expérience !
20 Hudson Yards
L-S 10h-20h, D 11h-19h,
110 5th Avenue
L-J 8h30-19h, V-D 8h30-20h

4 Harry Potter
1850 m², 3 étages, 15 salles… C'est la plus grande boutique dédiée à notre sorcier favori !
935 Broadway
L-S 9h-21h, D 9h-19h

1 Bryant Park ☆
Joli parc au cœur de Midtown avec sa patinoire l'hiver et ses projections de films en plein air l'été… J'adore !

2 Madison Square Garden
La mythique salle polyvalente qui accueille spectacles, concerts et matchs toute l'année !
4 Pennsylvania Plaza

3 High Line ☆
Promenade surélevée offrant une balade de plus de 2,3 km au-dessus de Chelsea.
Avr-Mai, Oct-Nov 7h-22h, Juin-Sep 7h-23h, Déc-Mar 7h-19h

4 Sleep No More 👍
Coup de cœur pour ce show immersif qui ne ressemble à aucun autre. Inutile de savoir parler anglais.
530 West 27th Street

5 Madison Square Park
Un très joli parc où il est possible d'admirer le Flatiron Building tout en dévorant un délicieux burger du Shake Shack voisin !
TLJ 6h-23h9h

6 The Friends Experience
2 étages aménagés pour offrir une expérience immersive dans les décors de la série culte !
130 East 23rd Street
Horaires variables, réservation en ligne

Légende

👍 Les suggestions d'Alex
☆ Les incontournables
Horaires d'ouverture
$ Tarifs moyens

Les horaires et tarifs sont donnés à titre indicatif.

Les tarifs correspondent au prix moyen d'un plat (le soir) :

$ moins de 10 dollars
$$ 10 à 15 dollars
$$$ 15 à 25 dollars
$$$$ 25 à 40 dollars
$$$$$ plus de 40 dollars

Les suggestions d'Alex

Monarch Rooftop Bar
Ce *rooftop bar* offre une vue renversante sur Midtown et l'Empire State Building. J'aime l'ambiance de ce lounge à la fois branché et élégant (déco d'inspiration scandinave). Une belle surprise ! Allez-y plutôt en semaine pour éviter l'affluence du weekend.

City Climb (photo ci-contre)
J'ai testé cette expérience qui permet de se suspendre dans le vide à plus de 380 m de haut avec une vue époustouflante sur Manhattan, et je peux vous dire que ça vaut vraiment le coup !

Sleep No More
Un show complètement hors du temps, une expérience unique qui vous entrainera loin, très loin des standards de Broadway…

Burger & Lobster
Né à Londres, Burger & Lobster a désormais 2 enseignes à New York. Je place cet excellent resto en tête de liste de mes adresses favorites pour manger du homard à New York !

Vos adresses et bons plans

Ajoutez vos propres points d'intérêt en utilisant les gommettes prévues à cet effet. Les gommettes fonctionnent par paires : collez la première à l'endroit souhaité sur la carte et la seconde dans l'un des encarts ci-dessous, afin d'y associer une description.

Cathedral Pkwy
Henry Hudson Pkwy
Riverside Dr.
West End Ave.
Broadway
Amsterdam Ave.
Columbus Ave.
Central Park West
W. 109th St.
W. 108th St.
W. 107th St.
W. 106th St.
W. 105th St.
W. 104th St.
W. 103rd St.
W. 102nd St.
W. 101st St.
W. 100th St.
W. 99th St.
W. 98th St.
W. 97th St.
W. 96th St.
W. 95th St.
W. 94th St.
W. 93rd St.
W. 92nd St.
W. 91st St.
W. 90th St.
W. 89th St.
W. 88th St.
W. 87th St.
W. 86th St.
W. 85th St.
W. 84th St.
W. 83rd St.
W. 82nd St.
W. 81st St.
W. 80th St.
W. 79th St.
W. 78th St.
W. 77th St.
W. 76th St.
W. 75th St.
103 St
96 St
86 St
79 St
81 St - Museum of Natural History
Harlem Meer
East Dr.
West Dr.
97th
Transverse
86th St.
79th
Transverse
Jacqueline Kennedy Onassis Reservoir
5th Ave.
Madison Ave.
Park Ave.
Lexington Ave.
3rd Ave.
2nd Ave.
1st Ave.
York Ave.
East End Ave.
FDR Drive
E. 110th St.
E. 109th St.
E. 108th St.
E. 107th St.
E. 106th St.
E. 105th St.
E. 104th St.
E. 103rd St.
E. 102nd St.
E. 101st St.
E. 100th St.
E. 99th St.
E. 98th St.
E. 97th St.
E. 96th St.
E. 95th St.
E. 94th St.
E. 93rd St.
E. 92nd St.
E. 91st St.
E. 90th St.
E. 89th St.
E. 88th St.
E. 87th St.
E. 86th St.
E. 85th St.
E. 84th St.
E. 83rd St.
E. 82nd St.
E. 81st St.
E. 80th St.
E. 79th St.
E. 78th St.
E. 77th St.
E. 76th St.
E. 75th St.
103 St
96 St
86 St
77 St
East River
N
G
E
I
0
200
400m

F Upper West Side (nord), Upper East Side (nord)

L'essentiel

De part et d'autre de Central Park, les quartiers résidentiels de l'Upper West Side (à l'ouest) et de l'Upper East Side (à l'est) comptent plusieurs adresses sympas (pâtisseries, restos, bars…) et surtout quelques-uns des plus beaux musées de New York!
Au milieu, Central Park et ses quelque 340 hectares de verdure accueillent les badauds, les amoureux, les sportifs et tous ceux qui veulent s'accorder un agréable moment de détente.

Tourisme	★★
Shopping	★
Sorties	★★
Tranquillité	★★★★★
Vie locale	★★★★★
Logement	★★★
Tarifs	★★★

(Légende p. 13)

☆ Les incontournables

Musée américain d'Histoire naturelle

Rendu célèbre par le film *La Nuit au musée*, on y admire notamment des squelettes de dinosaures et de nombreux dioramas plus vrais que nature!

Metropolitan Museum (MET)

Magnifique musée (l'un des plus grands du monde) qui compte plus de 2 millions d'œuvres de l'Antiquité à nos jours. L'aile égyptienne est mon coup de cœur!

Guggenheim Museum

Ce chef-d'œuvre d'architecture moderne de Frank Lloyd Wright abrite l'une des plus belles collections mondiales d'art du 20e siècle. Incontournable!

The Reservoir

Célèbre plan d'eau de Central Park autour duquel des milliers de joggeurs s'exercent tous les jours. C'est d'ailleurs à cet endroit que Dustin Hoffman court dans *Marathon Man*!

go-ny.fr/
nyef-cp-velo

Faites une visite guidée de Central Park à vélo!

Quelle est l'histoire du plus célèbre parc urbain du monde? Quels secrets, quels trésors, quelles anecdotes renferme-t-il? Je vous propose de le découvrir lors d'une visite guidée à vélo animée par un guide français.
L'hiver, en raison du froid, la visite se fait à pied et le parcours est adapté.

Les suggestions d'Alex

Frenchy Coffee
Non contents de me suivre, certains French Yorkers décident de vivre le rêve américain. C'est le cas de Perrine et Aurélien qui ont ouvert un super coffee shop dans l'Upper East Side !

Le banc des French Yorkers
Les membres de la communauté BPVNY sont propriétaires d'un banc à Central Park ! Les $10 000 récoltés pour l'adoption de ce banc servent à l'entretien et la préservation du parc.

Children's Museum of Manhattan (photo ci-contre)
Chouette musée pour les enfants de 2 à 10 ans (testé et approuvé par mon petit Marius !). Notez que Brooklyn et Staten Island ont également leur musée pour enfants.

Lexington Candy Shop
Un petit *diner* typiquement américain qui a conservé un esprit et une déco vintage. Je vous conseille d'y prendre un brunch avec des œufs au bacon et des pancakes. Un régal !

Vos adresses et bons plans

Ajoutez vos propres points d'intérêt en utilisant les gommettes prévues à cet effet. Les gommettes fonctionnent par paires : collez la première à l'endroit souhaité sur la carte et la seconde dans l'un des encarts ci-dessous, afin d'y associer une description.

Carte F

Upper West Side (nord), Upper East Side (nord)

Musées, monuments… | Restos, bars… | Shopping | Pâtisseries | Loisirs | Hotspots photo

1 Museum of the City of New York
Une visite qui permet de mieux comprendre l'histoire de la ville.
📍 1220 5th Avenue
🕘 J 10h-21h, V-L 10h-17h

2 Guggenheim Museum ☆
Un musée qui a lui-même valeur d'œuvre d'art !
📍 1071 5th Avenue
🕘 D, L, Me-V 11h-18h, S 11h-20h

3 Children's Museum of Manhattan 👍
Le musée que vos petits bouts vont adorer !
📍 212 West 83rd Street
🕘 Me-D 10h-17h

4 MET ☆
Le Louvre version new-yorkaise ! Un musée exceptionnel.
📍 1000 5th Avenue
🕘 D-Ma, J 10h-17h, V-S 10h-21h

5 Belvedere Castle
Un improbable château, offrant un très beau panorama de Central Park.
📍 GPS 40.779457, -73.969072

6 Musée américain d'Histoire naturelle ☆
Un formidable musée qui plait autant aux petits qu'aux grands !
📍 200 Central Park West
🕘 Me-D 10h-17h30

1 Ortomare
Ce resto convoque *orto* (le jardin) et *mare* (la mer) pour vous cuisiner de délicieuses spécialités italiennes.
📍 994 Columbus Avenue
$$$ 🕘 M-V 16h-22h, S-D 12h-22h

2 Frenchy Coffee NYC 👍
Très agréable café tenu par un couple de French Yorkers !
📍 129 East 102nd Street
$ 🕘 L-V 7h-17h, S 8h-17h, D 8h-14h30

3 Bareburger
Très bon fastfood, quoique pas donné ($13 env. le burger seul), avec des produits frais et bio !
📍 795 Columbus Avenue
📍 2233 Broadway
📍 1681 1st Avenue
$$ 🕘 TLJ approx. 12h-22h

4 The Drunken Munkey
Dans une ambiance qui évoque le Bombay des années 1910-1940, un bistrot indien pour gourmets et amateurs de cocktails.
📍 338 East 92nd Street
$$$$ 🕘 L-V 16h30-0h, S-D 12h-0h

5 Bodrum Mediterranean Restaurant
Resto turc très sympa proposant des spécialités méditerranéennes : kebabs, mezzés, salades…
📍 584 Amsterdam Avenue
$$$ 🕘 TLJ approx. 11h30-22h

6 UES.
Speakeasy caché dans l'arrière-boutique d'un glacier. Pour entrer, dites "I'd like to see the storage room, please". Tenue classe exigée.
📍 1707 2nd Avenue
🕘 Ma-D approx. 17h-1h

7 Shake Shack
La référence du burger à New York. À tester au moins une fois !
📍 154 East 86th Street
📍 366 Columbus Avenue
$ 🕘 TLJ 10h30-23h

8 Good Enough To Eat
Les classiques de la cuisine américaine vous attendent dans ce resto de l'Upper West Side.
📍 520 Columbus Avenue
$$$ 🕘 L-V 8h-22h, S-D 9h-22h

9 Blossom on Columbus
Un cadre cosy et raffiné pour une cuisine 100 % *veggie*, bio et locale.
📍 507 Columbus Avenue
$$$ 🕘 L-J 12h-21h, V 12h-22h, S 11h-22h, D 11h-21h

10 Lexington Candy Shop 👍
Ce *diner* des années 1920 a gardé toute son authenticité, tant dans la déco que dans les menus.
📍 1226 Lexington Avenue
$$ 🕘 L-V 7h-19h, S 8h-19h, D 8h-18h

11 The Penrose
Pub plutôt bon marché et plein de locaux. Ambiance conviviale.
📍 1590 2nd Avenue
$$ 🕘 L-V 11h-3h, S-D 9h30-3h

12 Luke's Lobster
Le spécialiste des hotdogs au homard. Pas donné mais top !
📍 426 Amsterdam Avenue
$$$ 🕘 TLJ 11h-20h
📍 242 East 81st Street
$$$ 🕘 D-Me 12h-20h, J-S 12h-21h

13 Sarabeth's
Très bonne enseigne pour petit-déjeuner et démarrer la journée du bon pied !
📍 423 Amsterdam Avenue
$$$$ 🕘 TLJ 8h-22h

1 Whole Foods Market
Mon enseigne préférée pour faire les courses et/ou acheter des plats à emporter.
📍 808 Columbus Avenue
📍 1551 3rd Avenue
🕘 TLJ 7h-22h

2 IT'SUGAR Candy Store
Le royaume de la confiserie ; le temple du sucre et des caries !
📍 1542 3rd Avenue
🕘 L-J 11h-21h, V-S 10h-22h30, D 10h-21h

3 Barnes & Noble
Immense librairie agencée sur 2 étages, pourvue d'une cafétéria et d'une connexion Wi-Fi gratuite.
📍 2289 Broadway
🕘 L-J 9h-20h, V-S 9h-21h, D 10h-17h

4 Librairie Albertine
"The best bookshop in France is in NYC." C'est une hyperbole très locale mais qui ment à peine tant cette librairie française est belle.
📍 972 5th Avenue
🕘 TLJ 10h-18h

1 Baked by Melissa
Pâtisserie tendance proposant des mini-cupcakes super originaux.
📍 2325 Broadway
🕘 L-V 9h-20h, S-D 10h-21h
📍 206 East 86th Street
🕘 TLJ 9h-21h

2 Levain Bakery
C'est ici que sont faits les meilleurs cookies de New York !
📍 1484 3rd Avenue
📍 351 Amsterdam Avenue
🕘 TLJ 7h-21h

3 Barachou
Pâtisserie française qui revisite les choux à la crème avec délice !
📍 449 Amsterdam Avenue
🕘 TLJ 10h-18h

4 16 Handles
Créez votre propre yaourt glacé (*frozen yogurt*) en y ajoutant les ingrédients de votre choix !
📍 1569 2nd Avenue
🕘 D-J 12h-23h, V-S 12h-0h
📍 325 Amsterdam Avenue
🕘 TLJ 14h-23h

5 Insomnia Cookies
Pour une pause gourmande en journée ou même la nuit : ouvert jusqu'à 3h certains jours !
📍 1579 2nd Avenue
📍 405 Amsterdam Avenue
🕘 L-Me 11h-1h, J-V 11h-3h, S 12h-3h, D 12h-1h

1 Conservatory Garden
Superbe jardin à la française niché au nord-est de Central Park.
📍 5th Avenue & 105th Street

2 The Great Lawn
Immense pelouse de Central Park comprenant 6 cages de baseball. On y joue, piquenique, bronze…

3 Comic Strip Live
Une scène de stand-up où se produisent des comiques tous les soirs (en anglais, évidemment).
📍 1568 2nd Avenue
🕘 D-J 20h, V-S 20h/22h30 (show)
Ma-V 18h (open mic)
S 17h (new talent show)

1 The Reservoir ☆
Le réservoir Jacqueline Kennedy Onassis fait le bonheur des promeneurs, des joggeurs et des ornithologues !

2 Vue sur The Reservoir et El Dorado
Très beau panorama sur The Reservoir et, à l'arrière-plan, un célèbre immeuble résidentiel de style Art déco appelé El Dorado qui attire immédiatement le regard avec ses tours jumelles.
📍 GPS 40.784432, -73.959291

3 Le banc des French Yorkers 👍
La communauté BPVNY a adopté un banc à son nom dans Central Park à la suite d'un financement participatif, et il est ici ! Ce banc symbolise notre passion pour New York.
Photo-dédicace obligatoire !
📍 GPS 40.782302, -73.964757

4 The Cantor Roof Garden Floor 5
Cette terrasse aménagée sur le toit du MET offre une vue incroyable !
🕘 D-Ma 11h-16h15, V-S 11h-16h et 17h-20h30. Mi-avril à fin oct.

Légende

- 👍 Les suggestions d'Alex
- ☆ Les incontournables
- 🕘 Horaires d'ouverture
- $ Tarifs moyens

Les horaires et tarifs sont donnés à titre indicatif.

Les tarifs correspondent au prix moyen d'un plat (le soir) :

- $ moins de 10 dollars
- $$ 10 à 15 dollars
- $$$ 15 à 25 dollars
- $$$$ 25 à 40 dollars
- $$$$$ plus de 40 dollars

N
W. 135th St.
W. 134th St.
W. 133rd St.
W. 132nd St.
W. 131st St.
W. 130th St.
St Clair Pl.
W. 125th St.
W. 129th St.
W. 128th St.
W. 126th St.
W. 127th St.
125 St
Dr Martin Luther King Jr Blvd.
La Salle St.
W. 124th St.
W. 123rd St.
W. 122nd St.
W. 121st St.
W. 120th St.
W. 119th St.
W. 118th St.
W. 117th St.
116 St
W. 116th St.
W. 115th St.
116 St - Columbia University
W. 114th St.
W. 113th St.
W. 112th St.
W. 111th St.
W. 110th St.
Cathedral Pkwy
Cathedral Pkwy (110 St.)
W. 109th St.
W. 108th St.
W. 107th St.
W. 106th St.
W. 105th St.
Riverside Dr.
Broadway
Amsterdam Ave.
Convent Ave.
Saint Nicholas Terrace
Saint Nicholas Ave.
Frederick Douglass Blvd.
Adam Clayton Powell Jr Blvd.
Malcolm X Blvd.
Lennox Av.
Mt. Morris Park W.
Henry Hudson Pkwy
Claremont Ave.
Morningside Ave.
Morningside Dr.
Manhattan Ave.
Central Park West
Columbus Ave.
West End Ave.
135 St
Central Park North (110th St)
Harlem Meer
E. 135th St.
E. 132nd St.
E. 131st St.
E. 130th St.
E. 129th St.
E. 128th St.
W. 127th St.
E. 127th St.
E. 126th St.
E. 125th St. / Dr Martin Luther King Jr Blvd.
E. 124th St.
E. 123rd St.
E. 122nd St.
E. 121st St.
E. 120th St.
E. 119th St.
E. 118th St.
E. 117th St.
E. 116th St.
E. 115th St.
E. 113th St.
E. 112ht St.
E. 111th St.
E. 110th St.
110 St
E. 109th St.
E. 108th St.
E. 107th St.
E. 106th St.
E. 105th St.
E. 104th St.
5th Ave.
Madison Ave.
Park Ave.
Lexington Ave.
3rd Ave.
2nd Ave.
1st Ave.
Pleasant Ave.
FDR Drive
3rd Ave. Bridge
Willis Ave. Bridge
Major Deegan Expy
Robert F. Kennedy Bridge
Harlem
Riv
H
I
F
0
200
400m

G

Harlem (sud)
East Harlem
Morningside Heights

G Harlem (sud), East Harlem, Morningside Heights,

L'essentiel

Berceau de la culture afro-américaine et bastion de la lutte pour l'égalité des droits, Harlem n'est plus le ghetto qu'il était dans les années 1970.
Bien au contraire, il est devenu l'un des quartiers les plus dynamiques et tendance de New York.
Et même si cela s'est fait au prix d'un certain embourgeoisement, le quartier a su préserver l'essentiel de son patrimoine culturel : *street art*, hip-hop, gospel, jazz et *soul food* !

Tourisme	★★★
Shopping	★★★
Sorties	★★★
Tranquillité	★★★★★
Vie locale	★★★★★
Logement	★★★★
Tarifs	★★★★★

(Légende p. 13)

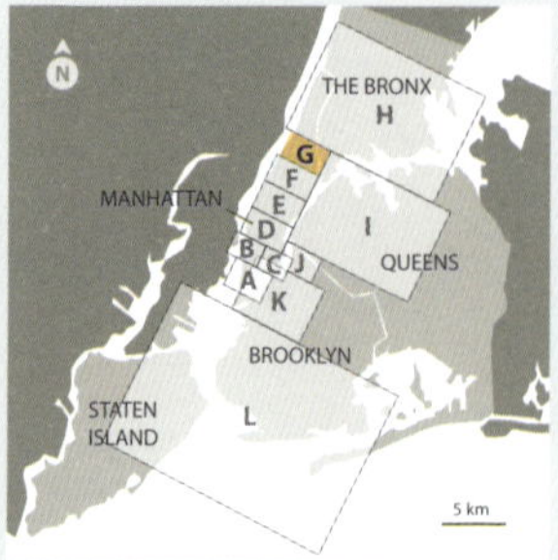

☆ Les incontournables

Messe Gospel

Harlem compte des dizaines d'églises où il est possible d'assister à une messe gospel.
Une expérience que je vous conseille de vivre au moins une fois !

Apollo Theater

Scène légendaire de la musique noire américaine, l'Apollo Theater accueille de nombreux artistes et participe chaque année à l'organisation du festival Harlem Jazz Shrines.

Visite guidée en français de Harlem

Découvrez ce quartier qui a fait peau neuve tout en préservant l'essentiel de son héritage culturel !

go-ny.fr/**nyef-harlem**

Graffiti Hall of Fame

Très connu dans le milieu du *street art*, ce mur a été créé dans l'aire de sport d'un complexe scolaire afin de permettre aux artistes d'avoir un lieu permanent pour graffer.

Amateur Night à l'Apollo Theater

go-ny.fr/
amateur-night

"Be good or be gone" (sois bon ou va-t'en !), tel est le slogan de ce show où le public décide quels sont les jeunes talents qui peuvent rester et quels sont ceux qui doivent quitter la scène. Un divertissement populaire qui se déroule dans une ambiance survoltée et dont l'ambition est de révéler les futurs Ella Fitzgerald ou James Brown !

Les suggestions d'Alex

Shopping sur 125th Street (Harlem) (photo ci-contre)
Entre Saint Nicholas Avenue et Malcolm X Boulevard, vous trouverez des *outlets* (Carter's, Gap), mais aussi des enseignes orientées basket et culture hip-hop, comme SNIPES…

Manna's Restaurant (Soul Food & Salad Bar)
Manna's a fait de la *soul food* (cuisine afro-américaine) sa spécialité. Buffet avec un large choix de plats chauds et froids. De nombreux locaux y mangent, ce qui est gage de qualité.

Dinosaur Bar-B-Que
Ce resto BBQ aux allures de chalet savoyard ravira les amateurs de viande grillée. Ambiance décontractée et concerts live tous les vendredis et samedis soir.

Red Rooster Harlem / Ginny's Supper Club
La cuisine du chef Marcus Samuelsson sublime les traditions culinaires du quartier ! Au sous-sol, un excellent club aux faux airs de *speakeasy* évoque le Harlem des années 1920.

Vos adresses et bons plans

Ajoutez vos propres points d'intérêt en utilisant les gommettes prévues à cet effet. Les gommettes fonctionnent par paires : collez la première à l'endroit souhaité sur la carte et la seconde dans l'un des encarts ci-dessous, afin d'y associer une description.

Carte G

Harlem (sud), East Harlem, Morningside Heights,

Musées, monuments… | Restos, bars… | Shopping | Pâtisseries | Loisirs | Hotspots photo

1 The National Jazz Museum in Harlem
Un *must-see* pour tout amateur de jazz qui se respecte !
58 West 129th Street
J-S 12h-17h

2 Columbia University
L'une des plus prestigieuses universités américaines, comme Yale, Harvard… (Ivy League).
116th Street & Broadway

3 First Corinthian Baptist Church
Église baptiste. Messes gospel tous les dimanches à 11h. Propose parfois des offices spéciaux, consultez l'agenda sur le site officiel.
1912 Adam Clayton Powell Junior Boulevard

4 Canaan Baptist Church
Église baptiste. Messe gospel tous les dimanches à 10h.
132 West 116th Street

5 Cathedral of Saint John the Divine
Très belle cathédrale (siège du diocèse de New York).
1047 Amsterdam Avenue

6 El Museo del Barrio
Agréable musée dédié aux cultures latino-américaines et caribéennes.
1230 5th Avenue
J-D 11h-17h

1 Abyssinia Ethiopian Restaurant
Très bonne adresse pour découvrir la cuisine éthiopienne !
268 West 135th Street
$$$ Me-L 12h-22h

2 Dinosaur Bar-B-Que 👍
Un resto qui comblera les amateurs de viande grillée !
700 W 125th Street
$$$ D-J 12h-21h, V-S 12h-22h

3 Jacob Restaurant
Resto-traiteur bon marché. Buffet de *soul food* et salades variées.
373 Malcolm X Boulevard
$$ TLJ 10h-22h

4 Manna's Restaurant 👍
Restaurant afro-américain dont la cuisine s'inscrit dans la pure tradition de la *soul food*.
2353 Frederick Douglass Blvd
$$ D-Me 8h-21h, J-S 8h-22h

5 Sylvia's Restaurant
Depuis 1962, Sylvia Woods est la "Reine de la *soul food*" !
328 Malcom X Boulevard
$$$ D-Ma 11h-20h, Me-S 11h-22h

6 Red Rooster Harlem / Ginny's Supper Club 👍
Un excellent resto et un super club de jazz pour une soirée au top !
310 Malcolm X Boulevard
$$$$ L-J 12h-21h, V 12h-21h45, S 11h-21h45, D 11h-21h

Ginny's Supper Club :
J-S 18h-22h, D 10h-12h30 (brunch gospel)

7 Harlem Shake
Diner qui vous plongera dans l'ambiance des années 1950. Régulièrement primé pour la qualité de ses milkshakes.
100 West 124th Street
$ D-J 11h-23h, V-S 11h-2h

8 Clay
Un bon resto qui propose une cuisine 100% locale et de saison.
553 Manhattan Avenue
$$$$ Ma-Me 17h-21h, J-D 17h-21h30

9 Barawine
Ambiance parisienne dans ce resto proposant une excellente cuisine bistronomique associée à une belle carte des vins. DJ tous les vendredis et samedis soir.
200 Lenox Avenue
$$$$ L-J 16h-22h, V-S 16h-23h D 12h-16h (brunch), 16h-22h

10 Room 623 Harlem's Speakeasy
Club de jazz et *speakeasy* : une formule qui ne peut que plaire.
271 West 119th Street
Me 19h30-23h30, V 18h30-1h, D 17h30-22h30

11 Mess Hall
Bar spécialisé dans les bières à la pression et les spiritueux. Fait aussi de bons hotdogs. Ambiance cool.
2194 Frederick Douglass Blvd
$ L-Me 16h-0h, J-S 16h-2h

12 The Cecil Steakhouse
Une cuisine innovante et métissée dans un cadre et une ambiance des plus agréables !
210 West 118th Street
$$$$ Me-V 16h-0h, S-D 12h-0h

13 Amy Ruth's
L'adresse idéale pour bruncher le dimanche au milieu des familles locales ! Au menu : *soul food*.
113 West 116th Street
$$$ L-J 11h30-21h30, V-S 11h-22h30, D 11h-21h30

14 Melba's
Melba Wilson est née et a grandi à Harlem. En créant son restaurant, elle a souhaité offrir à sa communauté une cuisine réconfortante qui "rappelle l'enfance", la *comfort food*.
2300 West 114th Street
$$$ TLJ 12h-21h30

15 Five Guys
Le fastfood préféré d'Obama ! Excellents burgers à composer soi-même et frites fraiches !
2847 Broadway
$ TLJ 11h-22h

1 Jimmy Jazz / SNIPES
Magasin de street et sportswear multimarque (Adidas, Jordan, Nike, AKOO, G-Star Raw…).
132 et 239 West 125th Street
L-S 9h-20h, D 11h-19h

2 Séance shopping sur 125th Street 👍
Rue d'Harlem très populaire et commerçante. Magasins de streetwear mais aussi *outlets* : Carter's babies and kids, Gap…

3 Whole Foods Market
Mon enseigne préférée pour faire les courses et/ou acheter des plats à emporter. Beaucoup de produits bio, frais et locaux.
100 West 125th Street
TLJ 7h-21h

4 Harlem Underground
Boutique de teeshirts, sweats… Articles de style Black Power.
2217 Frederick Douglas Blvd
L-S 13h-19h, D 13h-18h

5 Columbia University Bookstore
Librairie officielle de l'université. Nombreux livres et souvenirs (sweats, casquettes, *goodies*…).
2922 Broadway
L-V 9h-19h, S-D 12h-17h

1 Insomnia Cookies
Pour une pause gourmande en journée ou même la nuit : ouvert jusqu'à 3h certains jours !
17 West 125th Street
1028 Amsterdam Avenue
L-Me 11h-1h, J-V 11h-3h, S 12h-3h, D 12h-1h

2 Lee Lee's Baked Goods
On y prépare les meilleurs rugelach (croissants au chocolat) de la ville !
283 West 118th Street
L-S 11h-19h, D 12h-17h

3 Levain Bakery
Si vous trouvez de meilleurs cookies, faites-moi signe !
2167 Frederick Douglass Blvd
TLJ 8h-20h

1 Shrine
Bar-restaurant qui accueille plusieurs fois par jour des artistes indépendants. Des musiciens mais aussi des danseurs, acteurs…
2271 Adam Clayton Powell Junior Boulevard
TLJ 16h-4h

2 Bill's Place
Concerts de jazz (Bill Saxton & The Harlem All-Stars) à 19h et 21h. Ce *Speakeasy* applique une règle "BYOB" (apportez vos propres boissons alcoolisées).
148 West 133rd Street
V-S 18h30-23h

3 Apollo Theater ☆
Inaugurée en 1914, la plus célèbre salle de spectacle de Harlem est classée monument historique.
253 West 125th Street

4 Minton's Playhouse
Ce club légendaire, qui a donné naissance au *bebop* dans les années 1940, a rouvert en 2006 ! Concerts de jazz à 19h et 21h30.
206 West 118th Street
J-D 18h-23h

5 Downstairs at Silvana
Très bon club au sous-sol du resto-bar à chicha Silvana. Ambiance multi-culturelle.
300 West 116th Street
TLJ 16h-4h

1 Graffiti Hall of Fame ☆
Depuis 1980, ce mur fait la démonstration que le graffiti est un art à part entière !
106th Street & Park Avenue

Légende
👍 Les suggestions d'Alex
☆ Les incontournables
Horaires d'ouverture
$ Tarifs moyens

Les horaires et tarifs sont donnés à titre indicatif.

Les tarifs correspondent au prix moyen d'un plat (le soir) :

$ moins de 10 dollars
$$ 10 à 15 dollars
$$$ 15 à 25 dollars
$$$$ 25 à 40 dollars
$$$$$ plus de 40 dollars

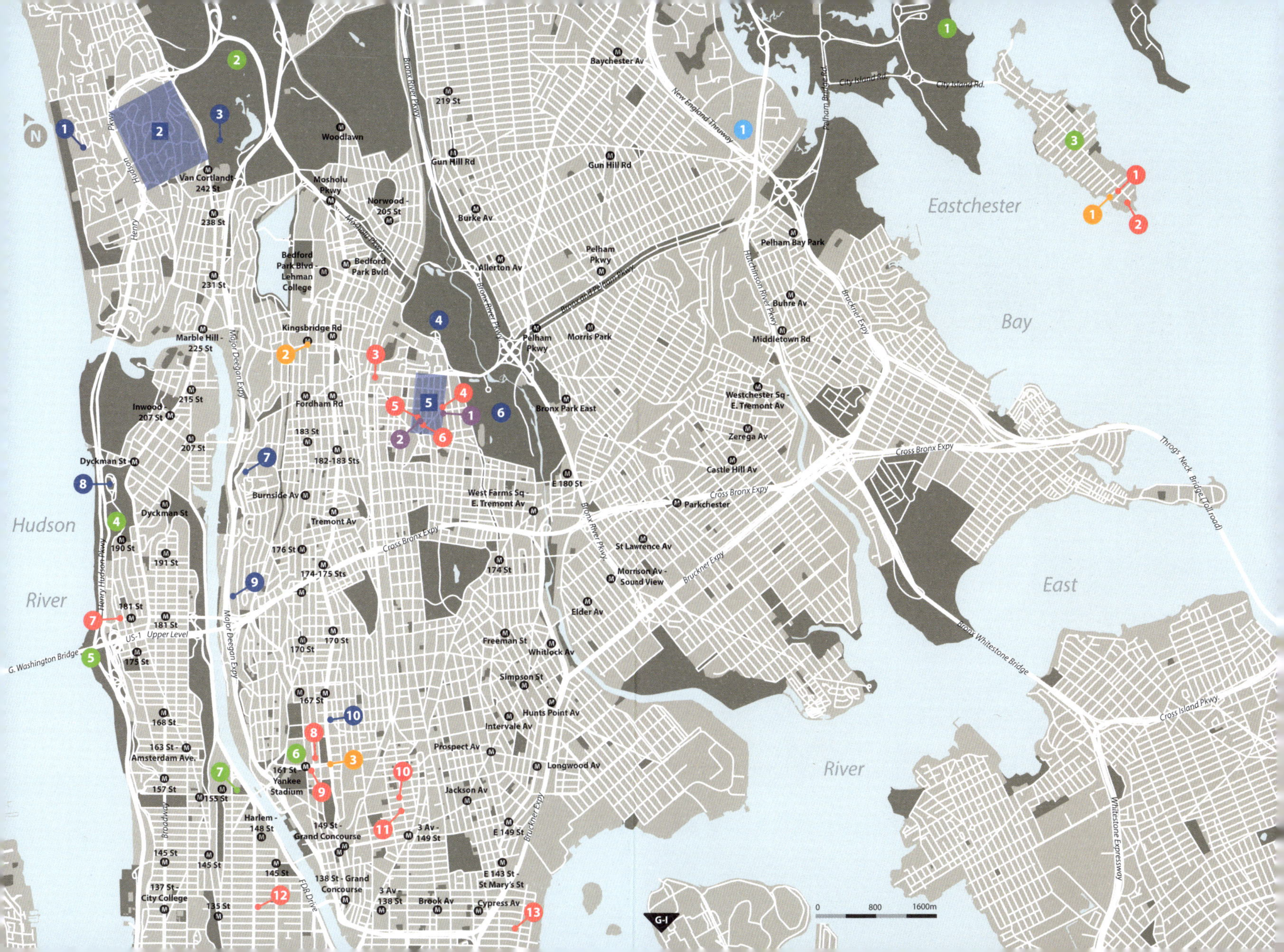

N
Hudson
River
Eastchester
Bay
East
River
Henry Hudson Pkwy
Van Cortlandt - 242 St
238 St
231 St
Marble Hill - 225 St
215 St
Inwood - 207 St
207 St
Dyckman St
Dyckman St
190 St
191 St
181 St
181 St
175 St
US-1 Upper Level
G. Washington Bridge
168 St
163 St - Amsterdam Ave.
157 St
155 St
155 St
Broadway
145 St
145 St
145 St
137 St - City College
135 St
Harlem - 148 St
FDR Drive
Major Deegan Expy
Woodlawn
Mosholu Pkwy
Norwood - 205 St
Bedford Park Blvd - Lehman College
Bedford Park Blvd
Kingsbridge Rd
Fordham Rd
183 St
182-183 Sts
Burnside Av
Tremont Av
176 St
174-175 Sts
170 St
170 St
167 St
161 St - Yankee Stadium
149 St - Grand Concourse
138 St - Grand Concourse
3 Av - 149 St
3 Av - 138 St
Brook Av
Cypress Av
E 143 St - St Mary's St
E 149 St
Jackson Av
Prospect Av
Intervale Av
Longwood Av
Hunts Point Av
Simpson St
Freeman St
Whitlock Av
174 St
West Farms Sq - E. Tremont Av
E 180 St
Bronx Park East
Pelham Pkwy
Morris Park
Allerton Av
Burke Av
Gun Hill Rd
Gun Hill Rd
219 St
Baychester Av
Bronx River Pkwy
New England Thruway
Hutchinson River Pkwy
Pelham Bridge Rd
City Island Rd.
City Island Rd.
Pelham Bay Park
Buhre Av
Middletown Rd
Bruckner Expy
Westchester Sq - E. Tremont Av
Zerega Av
Castle Hill Av
Parkchester
Cross Bronx Expy
St Lawrence Av
Morrison Av - Sound View
Elder Av
Throgs Neck Bridge (Toll road)
Bronx Whitestone Bridge
Cross Island Pkwy
Whitestone Expressway
Bruckner Expy
0
800
1600m
G-I

H Harlem (nord), Washington Heights, The Bronx

L'essentiel

Ambiance latino-américaine à Washington Heights, un quartier en cours de rénovation urbaine où vivent de nombreux Dominicains, Équatoriens… et où se trouve le très beau musée médiéval The Cloisters. Au nord de Manhattan, le malaimé quartier du Bronx est lui aussi en plein développement. Il compte plusieurs attractions phares comme son zoo centenaire, le Yankee Stadium ou le jardin botanique de New York !

Tourisme	★★
Shopping	★
Sorties	★
Tranquillité	★★★★★
Vie locale	★★★★★
Logement	★★★★★
Tarifs	★★★★★

(Légende p. 13)

☆ Les incontournables

Zoo du Bronx

L'un des plus grands zoos du pays, passé maitre dans l'art de recréer des éco-systèmes propres à chaque espèce. En témoigne sa magnifique et luxuriante Congo Gorilla Forest !

Jardin botanique de New York

Accordez-vous un moment de détente dans cet extraordinaire jardin botanique qui surprend autant par sa taille que la richesse de ses plantations. Superbe !

Yankee Stadium

Le mythique stade des Yankees de New York (baseball) a fait peau neuve en 2009. Depuis 2015, il est aussi le domicile du New York City FC (soccer) !

The Cloisters

Situé dans le très joli Fort Tryon Park, sur les bords de l'Hudson, the Cloisters est un musée d'art dédié à l'Europe médiévale, et notamment cinq célèbres cloitres français…

Birthplace of Hip-Hop Tour

go-ny.fr/
hush

C'est dans les quartiers du Bronx et de Harlem que le hip-hop trouve ses origines. La société HusH (acronyme de "Us in Hip-Hop") vous propose de revivre les prémices de ce mouvement qui a entrainé une véritable révolution culturelle un peu partout dans le monde. Préparez-vous à dodeliner de la tête !

Les suggestions d'Alex

City Island (photo ci-contre)
Je vous conseille de traverser cette petite île à pied en semaine. Vous apprécierez sa quiétude et son côté très "Nouvelle Angleterre". Accès : métro 6 puis bus Bx29.

Little Italy in The Bronx
C'est au cœur du Bronx (Arthur Avenue), que se trouve le vrai quartier italien de New York ! Ici, point de touristes, mais des locaux et un concentré d'authentiques commerces italiens !

Rucker Park
Considéré comme l'un des *playgrounds* les plus importants de l'histoire du *streetball*, Rucker Park a vu passer les plus grandes stars de la NBA : Allen Iverson, Kobe Bryant…

The Bronx Brewery
Cette brasserie locale, et fière de l'être, propose des bières artisanales (Lager, Pale Ale, IPA, Pilsner…). Dégustations sur place (pour les plus de 21 ans) et vente à emporter.

Vos adresses et bons plans

Ajoutez vos propres points d'intérêt en utilisant les gommettes prévues à cet effet. Les gommettes fonctionnent par paires : collez la première à l'endroit souhaité sur la carte et la seconde dans l'un des encarts ci-dessous, afin d'y associer une description.

Carte H

Harlem (nord), Washington Heights, The Bronx

Musées, monuments… | Restos, bars… | Shopping | Pâtisseries | Loisirs | Hotspots photo

1 Wave Hill
Les jardins de Wave Hill ont un air de "petit paradis du Bronx". Un panorama exceptionnel !
4900 Independence Avenue
Ma-D 10h-17h30

2 Quartier de Fieldston
Joli quartier, calme et boisé. L'un des rares quartiers privés de la ville, géré par une association d'environ 250 propriétaires.

3 Van Cortlandt House Museum
La plus ancienne bâtisse du Bronx, aménagée en musée d'histoire.
6036 Broadway
Ma-D 11h-16h

4 Jardin botanique de New York ☆
Resplendissant de beauté, quelle que soit la saison !
2900 Southern Boulevard
Ma-D 10h-18h (L 10h-18h les jours fériés uniquement)

5 Little Italy in The Bronx 👍
Un quartier italien bien plus authentique et vivant que son homonyme dans Manhattan !

6 Zoo du Bronx ☆
Immense zoo magnifiquement aménagé. Comptez au moins une demi-journée pour la visite.
2300 Southern Boulevard
V 10h-17h, S-D 10h-17h30, TLJ 10h-16h30 de nov. à mars

7 The Hall of Fame for Great Americans
Monument qui honore les plus célèbres Américains.
University Ave & W 181st Street

8 The Cloisters
Musée reconnu pour la qualité de ses reconstitutions et de ses collections médiévales.
99 Margaret Corbin Drive
J-Ma 10h-17h

9 Berceau du hip-hop
Cet immeuble HLM est considéré comme le lieu de naissance du hip-hop. Depuis 2007, un collectif milite afin qu'il bénéficie d'une protection patrimoniale.
1520 Sedgwick Avenue

10 Bronx Museum of the Arts
Musée d'art moderne et contemporain.
1040 Grand Concourse
L-Ma fermé, Me-J, V 11h-20h, S-D 11h-18h

1 Sammy's Fish Box
Un resto sympa pour manger des fruits de mer à City Island.
41 City Island Avenue
$$$ D-J 11h-23h, V-S 11h-0h

2 Tony's Pier Restaurant
Sous ses airs de cantine sociale, c'est le resto de poissons et fruits de mer le plus réputé du coin !
1 City Island Avenue
$$$ TLJ 11h30-23h

3 Bronx Night Market
Plus de 50 vendeurs se réunissent chaque mois pour cet excellent "open-air food and drink festival". Entrée gratuite mais réservation conseillée sur le site officiel.
1 Fordham Plaza
13h-19h le dernier samedi de chaque mois, d'avril à novembre

4 Joe's Italian Deli
Deli créé par Giuseppe (Joe) et Maria Ruscigno il y a plus de 40 ans. Vente à emporter : sandwichs, salades… Délicieuse mozzarella !
685 East 187th Street
$ L-S 8h30-17h30, D 8h30-15h30

5 Zero Otto Nove
Excellent resto italien au cœur de Little Italy in The Bronx. *Delizioso* !
2357 Arthur Avenue
$$$ Ma-J 12h-14h30 & 16h30-22h, V-S 12h-14h30 & 16h30-23h, D 13h-21h

6 Mike's Deli
Authentique traiteur italien, un incontournable d'Arthur Avenue ! Pâtes, fromage, charcuterie…
2344 Arthur Avenue
$$ L-Me 7h-18h, J-S 7h-20h

7 Saggio
Un resto italien ouvert 7j/7 et plutôt bon marché dans le quartier de Washington Heights.
827 West 181st Street
$$ L-J 16h-22h, V 16h-23h, S 11h-23h, D 11h-22h

8 Bronx Drafthouse
Petit pub sympa pour manger un bout à côté du Yankee Stadium.
884 Gerard Avenue
$$ D-J 11h30-2h, V-S 11h30-4h

9 Yankee Tavern
Prenez une bière avec les supporters des Yankees de New York (baseball) !
72 East 161st Street
$$ TLJ 12h-0h

10 Landin Mac & Cheese
Un resto qui ne paie pas de mine mais qui propose un excellent Mac & Cheese !
701 Melrose Avenue
$ L-S 9h-21h, D 13h-20h

11 Xochimilco Family Restaurant
Resto mexicain qui ne brille pas par sa déco mais on y mange bien et pour pas cher !
653 Melrose Avenue
$$ TLJ 11h-0h

12 Belle Harlem
Petit resto (12 couverts) où vous mangez dans la cuisine du chef ! Réservation obligatoire.
2363 Adam Clayton Powell Jr Blvd
$$$$ V-S 19h45-22h

13 The Bronx Brewery 👍
Brasserie artisanale qui propose des dégustations. Musique live et évènements réguliers.
856 East 136th Street
L-Me 16h-20h, J 16h-22h, V 15h-23h, S 12h-23h, D 12h-20h

1 The Mall at Bay Plaza
Avec 149 boutiques et 32 restos, ce centre commercial est le plus grand de New York !
200 Baychester Avenue
L-S 10h-21h, D 11h-19h

1 Artuso Pastry
Pâtisserie familiale depuis 1946, maintes fois récompensée pour la qualité de son savoir-faire.
670 East 187th Street
L-S 7h-20h30, D 7h-18h30

2 Madonia Brothers Bakery
Excellente boulangerie-pâtisserie italienne (goutez les cookies !).
2348 Arthur Avenue
$ TLJ 10h-19h

1 Orchard Beach
Belle plage du Bronx créée dans les années 1930 et surnommée "The Riviera of New York" !
Pelham Bay Park

2 Van Cortlandt Park
Troisième plus grand parc de la ville qui comprend de nombreux espaces de loisirs (golf, cricket…).
Broad. & Van Cortlandt Park S

3 City Island 👍
Charmante petite île située au sud-est de Pelham Bay Park. Réputée pour ses restos de fruits de mer et ses clubs nautiques.

4 Fort Tryon Park
Très joli parc entourant The Cloisters et offrant de superbes vues sur l'Hudson, le Washington Bridge ou encore The Palisades.

5 Fort Washington Park
Parc situé au pied du Washington Bridge et permettant d'accéder à "The Little Red Lighthouse" (un célèbre petit phare rouge).

6 Yankee Stadium ☆
Rien ne vaut l'ambiance d'un grand match dans l'enceinte du légendaire Yankee Stadium !
1 East 161 Street

7 Rucker Park 👍
Playground (terrain de basket) légendaire où se sont défiés les plus grands noms de la NBA.
W 155th Street & 8th Avenue

1 La baie d'Eastchester
Superbes vues sur la baie et la *skyline* dans une ambiance très Nouvelle-Angleterre. Reposant.
89A Horton Street, Bronx

2 Vue sur l'ESB et le One WTC
Depuis ce quai, l'Empire State Building et le One World Trade Center semblent se tutoyer !
Station de métro Kingsbridge Rd

3 The Bronx Walk of Fame
Avenue honorant le nom des personnalités issues du Bronx. Des plaques commémoratives sont installées de part et d'autre de Grand Concourse, entre 149th et 161th Street.

Légende

👍 Les suggestions d'Alex
☆ Les incontournables
Horaires d'ouverture
$ Tarifs moyens

Les horaires et tarifs sont donnés à titre indicatif.

Les tarifs correspondent au prix moyen d'un plat (le soir) :

$ moins de 10 dollars
$$ 10 à 15 dollars
$$$ 15 à 25 dollars
$$$$ 25 à 40 dollars
$$$$$ plus de 40 dollars

N
0
800
1600m
H
J
F-G
D-E
East
River
Flushing Bay
La Guardia Airport
Flushing-Main St
Mets-Willets Point
111 St
103 St - Corona Plaza
Junction Blvd
90 St - Elmhurst Av
82 St - Jackson Hts
Jackson Hts - Roosevelt Av
65 St
69 St
Elmhurst Av
Grand Av - Newtown
Woodhaven Blvd
63 Dr - Rego Park
67 Av
Forest Hills-71 Av
75 Av
Astoria-Ditmars Blvd
Astoria Blvd
30 Av
Broadway
46 St
Northern Blvd
Steinway St
36 Av
36 St
39 Av
21 St - Queensbridge
Queensboro Plaza
Queens Plaza
33 St
40 St
46 St
52 St
Court Sq
21 St
Hunters Point Av
Vernon Blvd - Jackson Av
Long Island City
Middle Village-Metropolitan Av
Robert F. Kennedy Bridge (toll road)
Robert F. Kennedy Bridge
Ed Koch Queensboro Bridge
Grand Central Pkwy
Astoria Blvd. N.
Astoria Blvd.
Northern Blvd.
Brooklyn Queens Expy
Queens Blvd.
New York State Route 25
Long Island Expy
Queens Midtown Expy
Whitestone Expressway
Van Wyck Expy
Woodhaven Blvd
Union Turnpike
Jackie Robinson Pkwy

I Queens

L'essentiel

Queens est le plus grand quartier de New York, mais c'est aussi l'un des plus méconnus. Peu mis en avant par les autres guides, délaissé par les touristes, ce *borough* ne manque pourtant pas de points d'intérêt (musées, marchés, restos, parcs…) et offre des solutions de logement très bon marché à seulement quelques stations de métro de Manhattan. Laissez-moi vous donner des raisons de vouloir découvrir Queens !

Tourisme	★
Shopping	★
Sorties	★★
Tranquillité	★★★★★
Vie locale	★★★★★
Logement	★★★★★
Tarifs	★★★★★

(Légende p. 13)

☆ Les incontournables

MoMA PS1

Affilié au célèbre musée d'Art moderne de New York, le PS1 fait la part belle aux avant-gardistes et propose des créations très expérimentales… Génial ou perché, j'adore !

Flushing Meadows Corona Park

Cet immense espace vert comprend deux musées, un zoo, un golf, et bien sûr des terrains de tennis dont le célèbre Arthur Ashe Stadium de l'US Open !

Gantry Plaza State Park

Oasis artificielle sur les rives de l'East River offrant une vue spectaculaire sur la *skyline* de Manhattan. Promenades, aires de jeux, superbes aménagements !

Museum of the Moving Image

Découvrez l'histoire et les technologies de l'audio-visuel (cinéma, TV…). Des attractions interactives rendent la visite ludique et agréable.

go-ny.fr/
nyef-queens

Découverte du street art et des bords de l'East River à Queens

Je vous invite à découvrir Astoria et Long Island City, deux quartiers qui sont en pleine transformation et contribuent au renouveau de Queens.
Une visite guidée hors des sentiers battus et animée par un guide français.

Les suggestions d'Alex

Queensboro Plaza Subway Station (photo ci-contre)
Posté sur le quai de la ligne 7, vous aurez une vue très urbaine avec l'enseigne des studios Silvercup, la voie ferrée suspendue et, en arrière-plan, la *skyline* de Manhattan !

Jackson Heights
Véritable microcosme du melting-pot américain, le quartier de Jackson Heights abrite de nombreuses communautés étrangères et jouit d'une remarquable richesse socioculturelle.

Court Square Diner
Diner de 1946 rénové en 2009 dans les règles de l'art, avec sa forme de wagon-restaurant, son long comptoir, ses banquettes en faux cuir et ses finitions chromées…

Flushing Chinatown
Authentique quartier chinois de Queens qui vous fera oublier que vous êtes à New York, contrairement à celui de Manhattan, qui est forcément plus touristique.

Vos adresses et bons plans

Ajoutez vos propres points d'intérêt en utilisant les gommettes prévues à cet effet. Les gommettes fonctionnent par paires : collez la première à l'endroit souhaité sur la carte et la seconde dans l'un des encarts ci-dessous, afin d'y associer une description.

Carte I Queens

Musées, monuments… | Restos, bars… | Shopping | Pâtisseries | Loisirs | Hotspots photo

Musées, monuments…

1 Flushing Chinatown 👍
Le quartier chinois de Queens, aussi appelé Mandarin Town Flushing, est une enclave en plein développement.

2 Unisphere
Globe monumental, symbole de l'Exposition universelle de 1964.
📍 Flushing Meadows Corona Park

3 Queens Museum of Art
De belles œuvres dont une immense maquette de New York !
📍 New York City Building Flushing Meadows Corona Park
🕘 M-V 12h-17h, S-D 11h-17h

4 New York Hall of Science
Comparable à la Cité des sciences du parc de la Villette, à Paris.
📍 47-01 111th Street, Corona
🕘 S-D 10h-17h

5 Street art à Astoria
Nombreuses fresques d'artistes mondialement reconnus : Dazic Fernandez, Logan Hicks…

6 Socrates Sculpture Park
Musée à ciel ouvert (gratuit) présentant toutes sortes de sculptures contemporaines.
📍 32-01 Vernon Boulevard, LIC
🕘 TLJ de 9h au coucher de soleil

7 Noguchi Museum
Musée et fondation dédiés aux œuvres de l'artiste nippo-américain Isamu Noguchi.
Réservation conseillée.
📍 9-01 33rd Road, Long Island City
🕘 Me-D 11h-18h

8 Jackson Heights 👍
Quartier qui abrite différentes communautés (Sud-Américains, Indiens…) et se distingue par son multiculturalisme.

9 Museum of the Moving Image ☆
Excellent musée pour les passionnés de cinéma et de TV.
📍 36-01 35th Avenue, Astoria
🕘 J 14h-18h, V 14h-20h, S-D 12h-18h

10 MoMA PS1 ☆
Musée avant-gardiste créé dans les locaux d'une ancienne *Public School* et affilié au MoMA.
📍 22-25 Jackson Avenue, LIC
🕘 D-L, J 12h-18h, V-S 12h-20h

Restos, bars…

1 Shake Shack
La référence du burger à New York, avec ses frites dorées et croustillantes à souhait !
📍 12301 Roosevelt Avenue
$ 🕘 Ouvert pendant les matchs de baseball au Citi Field
📍 15 Queens Blvd #1069
$ 🕘 D-J 11h-22h, V-S 11h-23h
📍 71-24 Austin Street, Forest Hills
$ 🕘 TLJ 11h-23h

2 Taverna Kyclades
L'un des meilleurs restaurants grecs de New York.
Le poisson est à tomber !
📍 33-07 Ditmars Boulevard, Astoria
$$$ 🕘 L-J 12h-23h, V-S 12h-23h30, D 12h-22h30

3 Bareburger
Très bon fastfood, quoique pas donné ($13 env. le burger seul), avec des produits frais et bio !
📍 23-01 31st St, Queens (Astoria)
📍 33-21 31st St, Queens (LIC)
📍 48-19 Vernon Blvd, Queens
📍 71-49 Austin Street, Forest Hills
$$ 🕘 TLJ approx. 11h30-22h

4 Sal, Kris & Charlie's Deli
Des sandwichs de qualité, grands comme l'avant-bras et copieusement garnis !
📍 33-12 23rd Avenue, Queens
$ 🕘 L-S 5h-19h, D 5h-15h

5 Mosaic
Excellent bar à vins et cocktails qui se distingue par sa décoration de style baroque et son ambiance chaleureuse.
📍 25-19 24th Avenue, Astoria
🕘 L-J 17h-2h, V 16h-2h, S-D 15h-2h

6 Pio Pio
Bonne chaine de restos péruviens. Prenez un Juanita Chicken, une petite Cristal (bière), et bon voyage !
📍 84-2 Northern Blvd, Queens
📍 62-30 Woodhaven Blvd, Queens
$$$ 🕘 D-J 11h-23h, V-S 11h-0h

7 Fresco's Cantina
Resto mexicain très populaire dans le quartier. Excellents tacos et cocktails ! LGBTQ+ friendly.
📍 12-14 31st Avenue, Astoria
$$ 🕘 Ma-Me 15h-22h, J-S 15h-23h, D 12h-20h

8 Pig Beach BBQ
Tables en bois familiales, viande fumée ou grillée, frites, haricots, Mac & Cheese… tous les classiques du BBQ sont réunis !
📍 35-37 36th Street, Queens
$$ 🕘 Ma-V 16h-22h, S-D 12h-22h

9 The Alcove
Très bon petit resto-bar à tapas. Cuisine généreuse, ambiance conviviale et décontractée.
📍 41-11 49th Street, Queens
$$ 🕘 L, Me-V 17h-2h, S-D 11h-14h

10 Court Square Diner 👍
Diner typiquement américain aperçu dans plusieurs séries TV comme *NYPD Blue* ou *30 Rock*.
📍 45-30 23rd Street, LIC
$$ 🕘 TLJ 24h/24

11 Blend on the Water
Spécialités latines. Superbe vue sur l'East River et la *skyline*. Dress code plutôt classe.
📍 45-40 Center Boulevard, LIC
$$$ 🕘 TLJ 11h-15h / 17h-23h

12 Vernon Boulevard
Rue tendance et animée de Long Island City, avec de nombreux bars, restos…

13 Casa Enrique
Authentique resto mexicain pour amateurs d'*enchiladas moles* et autres *chilaquiles*…
📍 5-48 49th Avenue, LIC
$$$ 🕘 Ma-J 17h-22h15, V 17h-22h30, S 11h-22h30, D 11h-15h45

Shopping

1 Lockwood
Articles et *goodies* pour tous les gouts (mugs, teeshirts, livres…). Les 3 enseignes d'Astoria sont dans un rayon de 50 mètres.
📍 33-06 Broadway, Astoria
📍 33-02 Broadway, Astoria
📍 32-15 33rd Street, Astoria
📍 77-13 37th Avenue, Queens
🕘 TLJ 11h-20h

2 Queens Center
Centre commercial (*mall*) qui compte plus de 180 enseignes dont une antenne de Macy's.
📍 90-15 Queens Boulevard
🕘 L-S 10h-21h, D 11h-19h

Loisirs

1 Citi Field
Stade de baseball de l'équipe des New York Mets, juste à côté du parc de Flushing Meadows.
📍 123-01 Roosevelt Avenue

2 Astoria Pool
Immense piscine de plein air et gratuite, au milieu du parc Astoria.
📍 19th Street & 23rd Drive
🕘 TLJ 11h-19h l'été

3 Flushing Meadows Corona Park ☆
Parc créé lors de la Foire internationale de 1939 et rassemblant de nombreuses attractions.

4 Juniper Valley Park
Très joli parc fréquenté par les locaux. Aire de jeux, terrains de sport (baseball, basketball, tennis…). Nombreux amateurs de *bocce*, la pétanque italienne !

Hotspots photo

1 Astoria Blvd Station
Cette station offre une belle vue sur le Robert F. Kennedy Bridge.

2 Queensboro Plaza 👍
Postez-vous sur le quai de la ligne 7 pour profiter d'un panorama très urbain.

3 Pepsi-Cola Sign
Cette enseigne, devenue l'un des symboles de Queens, a été classée monument historique en 2016.
📍 4610 Center Boulevard, LIC

4 Gantry Plaza State Park ☆
Espace joliment aménagé avec vue imprenable sur la *skyline*.
📍 4-09 47th Road, LIC

5 Hunters Point South Park
Bel endroit pour se détendre et profiter d'une vue spectaculaire sur Manhattan.

6 Pulaski Bridge
Au milieu du pont, vue à 360° sur Brooklyn, Queens et Manhattan !

Légende

👍 Les suggestions d'Alex
☆ Les incontournables
🕘 Horaires d'ouverture
$ Tarifs moyens

Les horaires et tarifs sont donnés à titre indicatif.

Les tarifs correspondent au prix moyen d'un plat (le soir) :

- $ moins de 10 dollars
- $$ 10 à 15 dollars
- $$$ 15 à 25 dollars
- $$$$ 25 à 40 dollars
- $$$$$ plus de 40 dollars

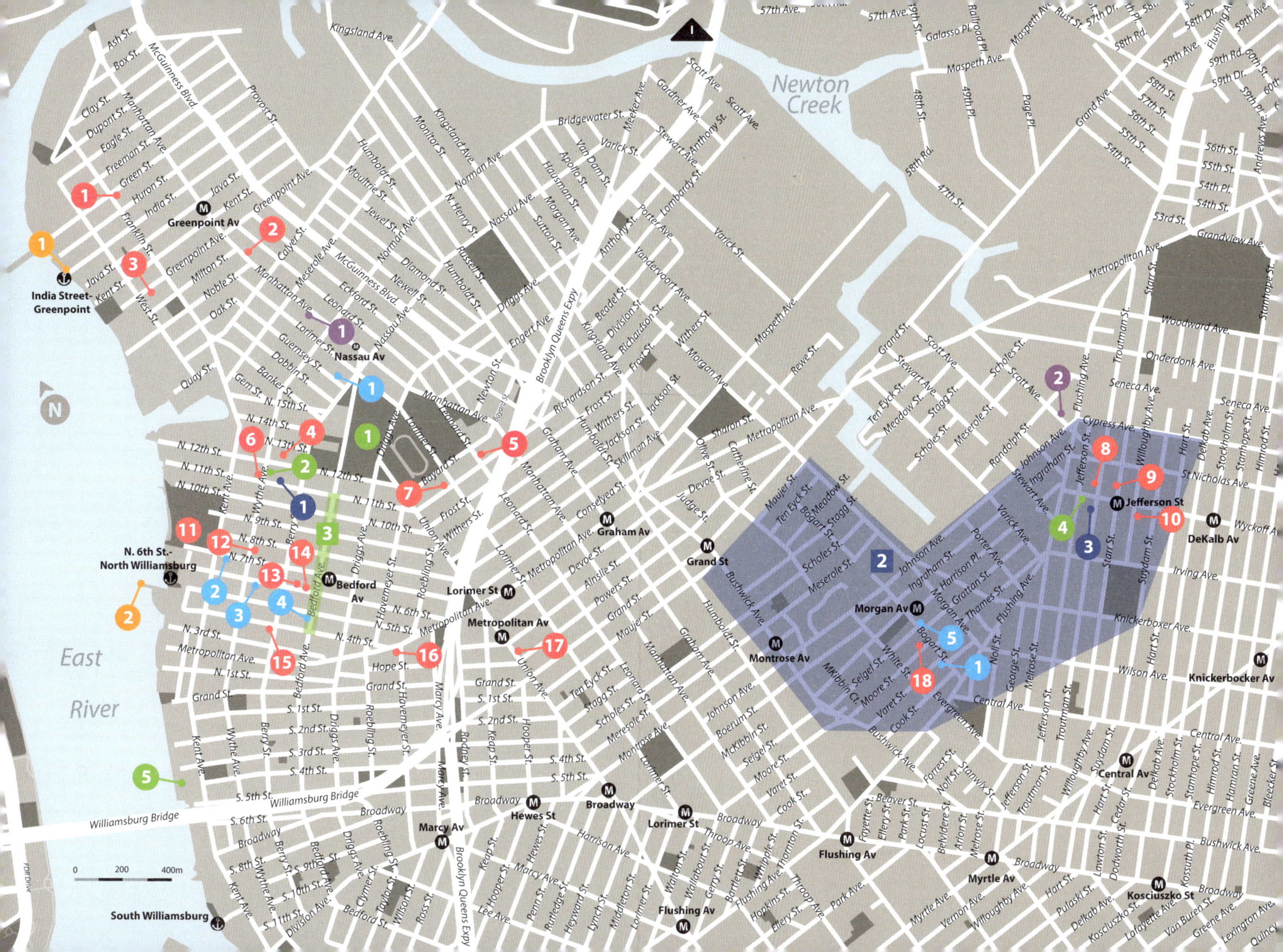
Newton Creek
East River
N
India Street-Greenpoint
N. 6th St.-North Williamsburg
South Williamsburg
Greenpoint Av
Nassau Av
Bedford Av
Lorimer St
Metropolitan Av
Graham Av
Grand St
Montrose Av
Morgan Av
Jefferson St
DeKalb Av
Knickerbocker Av
Central Av
Marcy Av
Hewes St
Broadway
Lorimer St
Flushing Av
Myrtle Av
Kosciuszko St
Williamsburg Bridge
Brooklyn Queens Expy
Kingsland Ave.
Metropolitan Ave.
Maspeth Ave.
McGuinness Blvd.
Manhattan Ave.
Greenpoint Ave.
Bushwick Ave.
Flushing Ave.
Grand St.
Broadway
Kent Ave.
Wythe Ave.
Berry St.
Bedford Ave.
Driggs Ave.
Roebling St.
Havemeyer St.
Marcy Ave.
Union Ave.
Graham Ave.
Humboldt St.
Morgan Ave.
Johnson Ave.
Wyckoff Ave.
Irving Ave.
Knickerbocker Ave.
Wilson Ave.
Central Ave.
Evergreen Ave.
Bushwick Ave.
Grandview Ave.
Woodward Ave.
Onderdonk Ave.
Seneca Ave.
Cypress Ave.
St Nicholas Ave.
0 200 400m

J Williamsburg, Bushwick, Greenpoint

L'essentiel

Williamsburg et Bushwick sont deux des quartiers de Brooklyn qui ont le plus changé ces dernières années. Bushwick est devenu le terrain de prédilection des meilleurs graffeurs du monde, un véritable musée à ciel ouvert, et Williamsburg le royaume des hipsters, où la culture *slow life* est érigée en mode de vie. Greenpoint fait partie de Queens, mais il connait lui aussi, depuis le début des années 2000, de profondes mutations.

Tourisme	★★★★
Shopping	★★★
Sorties	★★★★★
Tranquillité	★★★★
Vie locale	★★★★
Logement	★★★
Tarifs	★★★

(Légende p. 13)

☆ Les incontournables

Smorgasburg

Excellent *food market* composé d'une centaine de traiteurs et producteurs locaux. Outre les produits qui font sa réputation, il offre une vue incroyable sur la *skyline*.

Street art à Bushwick

Bushwick est l'un des hauts lieux du graffiti à New York, et c'est encore plus vrai depuis la disparition du site de 5 Pointz ! Découvrez cet art de la rue qui gagne de plus en plus de villes.

Bedford Avenue

La plus longue rue de Brooklyn, et sans doute la plus agréable aussi du côté de Williamsburg, avec des dizaines de petits commerces authentiques et tendance !

Domino Park

Parc de deux hectares très joliment aménagé sur les rives de l'East River : vestiges d'une ancienne raffinerie de sucre, promenade surélevée, aire de jeux pour enfants…

Street art et culture hipster à Brooklyn

go-ny.fr/
nyef-bkn

C'est bien de s'entendre dire qu'on peut voir du *street art* et apprendre des choses sur la culture hipster, encore faut-il savoir où aller dans ce *borough* qui est grand comme deux fois Paris ! Le plus simple, et surtout le plus agréable, c'est de participer à une visite (privée ou en petit groupe) animée par un guide français qui vit sur place.

Les suggestions d'Alex

Westlight
Perché au 22e étage de l'hôtel The William Vale, le Westlight est le plus haut *rooftop bar* de Brooklyn. Il domine nettement les environs et offre une vue à couper le souffle, en particulier sur la *skyline*. Il est possible d'y manger (en intérieur ou extérieur).

Roberta's
Faite de bric et de broc et installée dans un ancien garage du quartier de Bushwick, à Brooklyn, la pizzéria *Roberta's* s'inscrit dans la mouvance *slow food*. Je recommande à 100%!

Beco
Petit resto tenu par un Brésilien fan de soccer (forcément) très sympa et accueillant. Je vous conseille de boire une *caïpirinha* et de manger la *feijoada* (une sorte de cassoulet brésilien)!

Surf Bar (photo ci-contre)
En entrant dans ce resto, vous vous téléporterez littéralement de Williamsburg à Hawaï, cocktail et pieds dans le sable inclus!

Vos adresses et bons plans

Ajoutez vos propres points d'intérêt en utilisant les gommettes prévues à cet effet. Les gommettes fonctionnent par paires : collez la première à l'endroit souhaité sur la carte et la seconde dans l'un des encarts ci-dessous, afin d'y associer une description.

Carte J Williamsburg, Bushwick, Greenpoint

Musées, monuments… | Restos, bars… | Shopping | Pâtisseries | Loisirs | Hotspots photo

1 Brooklyn Brewery
Belle brasserie proposant de délicieuses bières. Je vous recommande la *Summer Ale* !
79 North 11th Street, Brooklyn
L-Me 16h-21h, J 16h-22h, V 14h-22h, S 12h-23h, D 12h-20h

2 Street art à Bushwick ☆
Les murs se suivent et ne se ressemblent pas dans ce quartier haut en couleur. J'adore !

3 KCBC (Kings County Brewers Collective)
Brasserie de Bushwick qui ravira les amateurs de bières artisanales.
381 Troutman Street, Brooklyn
L-J 17h-22h, V 14h-23h, S 12h-23h, D 12h-22h

1 The Springs
Ambiance californienne dans ce bar rétro de Greenpoint, avec un agréable patio et un foodtruck ! Parfait pour chiller entre amis.
224 Franklin Street, Brooklyn
$$ L-V 16h-2h, S 12h-2h, D 12h-1h

2 Sunshine Laundromat & Pinball
Caché à l'intérieur d'une laverie, ce *speakeasy* propose une belle carte de bières et… des flippers !
860 Manhattan Ave, Brooklyn
L-J 16h-2h, V 16h-4h, S 12h-4h, D 12h-2h

3 Paulie Gee's
Excellente pizzeria napolitaine. Attention, il y a de l'attente.
60 Greenpoint Avenue, Bkn
$$$ L-J 18h-22h, V 18h-23h S 17h-23h, D 17h-22h

4 Westlight 👍
Rooftop bar idéal pour siroter un "cocktail avec vue" !
111 North 12th Street, Brooklyn
$$$ L-J 16h-0h, V 16h-1h, S 12h-2h, D 12h-0h

5 TALEA Beer Co.
La première brasserie de NY tenue par deux femmes (Tara et Leann), bien décidées à changer notre vision de la bière !
87 Richardson Street, Brooklyn
TLJ 9h-22h

6 Bar Blondeau
Rooftop bar du Wythe Hotel offrant une superbe vue sur Brooklyn et la *skyline* de Manhattan.
12 Franklin Street, Brooklyn
$$ L-Me 17h-0h, J 17h-1h, V 17h-2h, S 14h-2h, D 14h-0h

7 Beco 👍
J'ai eu un vrai coup de cœur pour ce resto brésilien aussi petit que bon !
45 Richardson Street, Brooklyn
$$$ L-V 11h-23h, S-D 11h-23h

8 Lot 45
Music, cocktails et lounge sont les maitres mots de ce bar dont vous apprécierez forcément le cadre.
411 Troutman Street, Brooklyn
$$ V-S 17h-4h

9 Tortilleria Mexicana Los Hermanos
Resto mexicain populaire et bon marché. Tacos de qualité.
271 Starr Street, Brooklyn
$ L-J 11h-22h30, S-D 11h-23h30

10 The Turk's Inn
Fondé en 1934 dans le Wisconsin, ce resto turc a trouvé une deuxième vie à Bushwick. Ambiance festive et déco arabesque assez incroyable !
234 Starr Street, Brooklyn
$$$ D-J 17h30-22h, V-S 17h30-23h

11 Williamsburg Smorgasburg ☆
Énorme marché culinaire avec plus de 80 marchands locaux. Achetez de bons petits plats, installez-vous et profitez de la sublime vue sur l'East River et Manhattan !
90 Kent Avenue, Brooklyn
tous les samedis de 11h à 18h (d'avril à début novembre)

12 Cafe Mogador
Délicieuse cuisine aux accents marocains. Petit frère du resto homonyme situé à East Village.
133 Wythe Avenue, Brooklyn
$$$ D-J 10h-23h, V-S 10h-0h

13 Partners Coffee
Excellent torréfacteur qui ravira les amateurs de café. Très beau cadre.
125 North 6th Street, Brooklyn
TLJ 7h-18h

14 Surf Bar 👍
Bières, cocktails, snacks et fruits de mer… les pieds dans le sable !
139 North 6th Street, Brooklyn
$$ D-J 11h-0h, V-S 11h-1h

15 Blue Bottle Coffee
Cet excellent coffee shop utilise une machine à expresso de 1958 !
76 North 4th Street, Brooklyn
TLJ 7h-19h

16 Fette Sau
Les carnivores seront comblés par ce très bon resto BBQ bio de Williamsburg.
354 Metropolitan Ave, Bkn
$$ M 16h-22h, Me-S 12h-22h, D 12h-21h

17 Barcade
À la fois bar et salle d'arcade. Avis aux fans de *retrogaming* !
388 Union Avenue, Brooklyn
L-J 16h-2h, V 16h-4h, S 12h-4h, D 12h-2h

18 Roberta's 👍
Une pizzéria insolite, aménagée dans un garage, avec un *rooftop farm* (un potager sur le toit !).
261 Moore Street, Brooklyn
$$$ L-V 11h-0h, S-D 10h-0h

1 Beacon's Closet
Friperie très populaire, on y trouve de tout : vêtements, maroquinerie…
74 Guernsey Street, Brooklyn
23 Bogart Street, Brooklyn
L-D 11h-20h

2 Artists & Fleas
Marché d'artisans créateurs : art, mode, déco vintage… Très sympa !
70 North 7th Street, Brooklyn
S-D 11h-18h

3 Space Ninety 8
Concept store développé par Urban Outfitters qui met en avant des créateurs locaux.
98 North 6th Street, Brooklyn
D-J 11h-19h, V-S 11h-20h

4 The Mini Mall
Mini-galerie de commerces locaux dont une boutique de souvenirs de Brooklyn très originaux.
218 Bedford Avenue, Brooklyn
TLJ 11h-20h

5 Friends
Boutique indépendante et ancrée dans la culture locale : vêtements vintage (mais pas que), bijoux, accessoires…
56 Bogart Street, Brooklyn
TLJ 11h-20h30

1 Peter Pan Donut & Pastry Shop
Plus qu'une pâtisserie, une véritable institution du donut à New York !
727 Manhattan Ave, Brooklyn
L-Me 16h30-18h, J-V 16h30-19h, S 17h-19h, D 17h30-18h

2 Fine & Raw Chocolate
Une bonne chocolaterie bio qui répond à tous les codes de la culture hipster.
70 Scott Avenue, Brooklyn
L-V 10h-18h

1 McCarren Park
Parc de Greenpoint très animé, notamment le weekend avec sa piscine, ses concerts et ses matchs de baseball.

2 Brooklyn Bowl
Salle de bowling tendance avec un DJ qui mixe chaque soir, pour jouer, danser ou jouer en dansant !
61 Wythe Avenue, Brooklyn
Me-J 18h-23h, V 18h-2h, S 12h-2h, D 12h-23h

3 Bedford Avenue
Cette rue de Brooklyn fourmille de bars, restaurants et petits commerces plus sympas les uns que les autres.

4 House of Yes
Espace artistique nocturne qui mêle musique, danse, théâtre, culture…
2 Wyckoff Avenue, Brooklyn
Me 19h-2h, J 22h-4h, V-S 19h-4h

5 Domino Park ☆
Parc superbement aménagé sur les rives de l'East River. Aire de jeux pour enfants avec d'énormes structures !
15 River Street, Brooklyn
TLJ 6h-1h

1 Greenpoint
Terminal de ferry offrant une magnifique vue sur la *skyline* !

2 Vue sur la *skyline*
Jetée avec vue sur Manhattan et ses plus fameux gratte-ciels.
North 5th Street Pier and Park

Légende
👍 Les suggestions d'Alex
☆ Les incontournables
🕘 Horaires d'ouverture
$ Tarifs moyens

Les horaires et tarifs sont donnés à titre indicatif.

Les tarifs correspondent au prix moyen d'un plat (le soir) :

$ moins de 10 dollars
$$ 10 à 15 dollars
$$$ 15 à 25 dollars
$$$$ 25 à 40 dollars
$$$$$ plus de 40 dollars

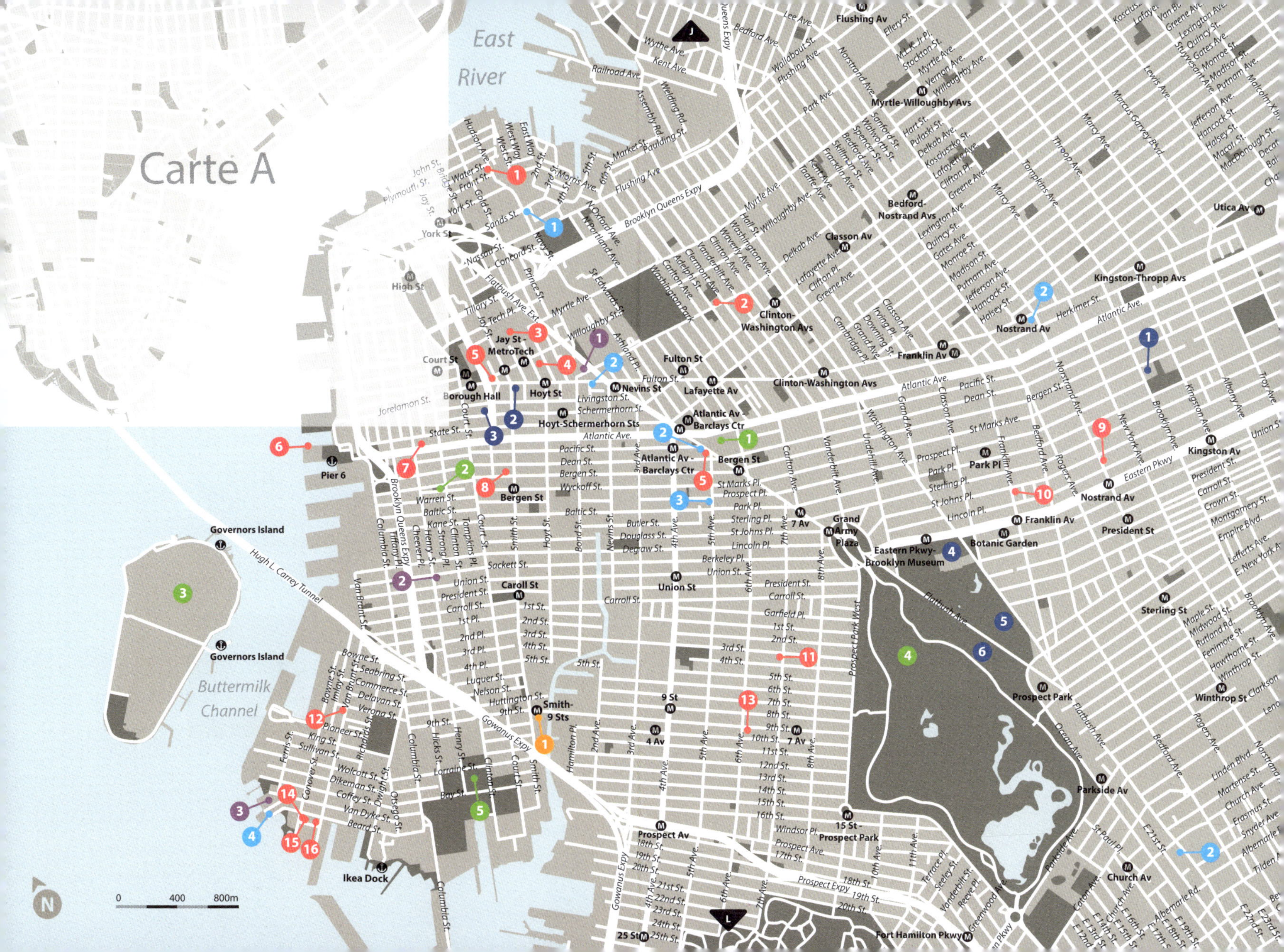

Carte A
East River
Buttermilk Channel
Governors Island
Pier 6
Ikea Dock
High St
York St
Court St
Borough Hall
Jay St - MetroTech
Hoyt St
Nevins St
Hoyt-Schermerhorn Sts
Fulton St
Lafayette Av
Atlantic Av - Barclays Ctr
Bergen St
Clinton-Washington Avs
Classon Av
Bedford-Nostrand Avs
Myrtle-Willoughby Avs
Flushing Av
Franklin Av
Nostrand Av
Kingston-Thropp Avs
Utica Av
Kingston Av
Park Pl
Grand Army Plaza
Eastern Pkwy-Brooklyn Museum
Botanic Garden
President St
Sterling St
Winthrop St
Prospect Park
Parkside Av
Church Av
Carroll St
Union St
Smith-9 Sts
9 St
4 Av
7 Av
Prospect Av
15 St - Prospect Park
Fort Hamilton Pkwy
25 St
Brooklyn Queens Expy
Hugh L. Carey Tunnel
Gowanus Expy
Prospect Expy
Eastern Pkwy
Atlantic Ave.
Flatbush Ave.
Prospect Park West
Ocean Ave.
0
400
800m
N

K Brooklyn (centre)

L'essentiel

Brooklyn est devenu l'un des quartiers les plus en vogue de New York. Red Hook, Carroll Gardens, Cobble Hill, Clinton Hill… autant d'endroits où il fait bon vivre lorsqu'on est local et où il fait bon se balader lorsqu'on est touriste. Avec ses galeries d'art, ses fabriques artisanales, ses échoppes bio et ses *rooftop farms*, Brooklyn nous invite à ralentir, à prendre le temps de vivre et à retrouver le gout des choses simples et naturelles…

Tourisme	★★★
Shopping	★
Sorties	★★★
Tranquillité	★★★★★
Vie locale	★★★★★
Logement	★★★★★
Tarifs	★★★★★

(Légende p. 13)

☆ Les incontournables

Brooklyn Tabernacle

Cette église de Brooklyn célèbre les messes gospel les plus folles que j'ai jamais vues ! On croirait assister à un spectacle de Broadway un dimanche matin au saut du lit !

Prospect Park

Le "Central Park de Brooklyn" comprend un musée, un zoo, un jardin botanique et nombre d'aménagements pour s'amuser, faire du sport… et des barbecues !

Brooklyn Museum

Bien que peu connu, c'est, après le MET, le deuxième plus important musée de New York ! Ses collections permanentes couvrent toutes les périodes de l'histoire de l'art.

Barclays Center

C'est dans cette enceinte ultramoderne que les Nets de Brooklyn défendent leurs couleurs (basketball). Ici aussi que se déroulent nombre de conventions, spectacles et concerts…

Goutez à la tranquillité de Governors Island !

go-ny.fr/
nyef-governors

Ancienne propriété fédérale transformée en un véritable havre de paix, l'île est ouverte au public toute l'année (liaisons assurées par des ferries depuis Manhattan et Brooklyn). Monuments historiques, marchés, expos, aires de jeux et de piquenique, location de vélos/rosalies… Je ne connais pas de meilleure façon de s'évader sans quitter New York.

Les suggestions d'Alex

Steve's Authentic Key Lime Pie (photo ci-contre)
Cette pâtisserie perdue dans une zone industrielle de Red Hook fait les meilleures tartes au citron de New York. Je vous invite à tester *The Swingle*, qui est enrobée de chocolat. Un délice !

Brooklyn Farmacy & Soda Fountain
Ce glacier de Carroll Gardens vaut autant pour la qualité de ses produits (sundaes, milkshakes, *egg creams*, sodas maison…) que celle de son décor hérité d'un apothicaire des années 1920 !

Jardin botanique de Brooklyn
Plus petit que celui du Bronx mais pas moins joli, au contraire. Il renferme The Japanese Hill-and-Pond Garden, un jardin japonais aménagé autour d'un étang et d'un superbe *torii*. C'est l'un des plus vieux et des plus visités en dehors du Japon !

Hometown Bar-B-Que
Viandes fumées au feu de bois de chêne du Sud : *pulled pork, beef brisket, ribs, lamb belly*… J'en ai encore l'eau à la bouche !

Vos adresses et bons plans

Ajoutez vos propres points d'intérêt en utilisant les gommettes prévues à cet effet. Les gommettes fonctionnent par paires : collez la première à l'endroit souhaité sur la carte et la seconde dans l'un des encarts ci-dessous, afin d'y associer une description.

Carte K Brooklyn (centre)

Musées, monuments… | Restos, bars… | Shopping | Pâtisseries | Loisirs | Hotspots photo

Musées, monuments…

1 Brooklyn Children's Museum
Ce musée offre trois étages d'expos, de jeux et d'attractions interactives destinés aux enfants de 2 à 10 ans.
145 Brooklyn Avenue, Brooklyn
Me-D 10h-17h

2 Brooklyn Tabernacle ☆
Mégaéglise célébrant des messes gospel incroyables le dimanche à 9h et 12h.
17 Smith Street, Brooklyn

3 New York Transit Museum
Musée dédié à l'histoire des transports de NY, installé dans une authentique station de 1936.
99 Schermerhorn Street, Bkn
J-D 10h-16h

4 Brooklyn Museum ☆
Toutes les époques et tous les courants de l'histoire de l'art sont représentés dans ce beau musée.
200 Eastern Parkway, Brooklyn
Me-D 11h-18h

5 Brooklyn Botanic Garden 👍
Magnifique jardin botanique de 21 hectares créé en 1910 et en développement permanent.
990 Washington Avenue, Bkn
Ma-D approx. 10h-18h (l'été), Ma-D approx. 10h-16h30 (l'hiver)

6 Prospect Park Zoo
Sympathique petit zoo à côté du jardin botanique. Faites d'une pierre deux coups !
450 Flatbush Avenue, Brooklyn
TLJ approx. 10h-17h (l'été), 10h-16h30 (l'hiver)

Restos, bars…

1 Vinegar Hill House
Resto qui a beaucoup de cachet, situé dans une jolie rue pavée. Cuisine locale et de saison.
72 Hudson Avenue, Brooklyn
$$$$ TLJ approx. 17h30-22h (dîner), S-D 10h-15h (brunch)

2 Colonia Verde
Accueil et cuisine de qualité dans ce resto latino-américain. Déco typique, avec un agréable patio.
219 DeKalb Avenue, Brooklyn
$$$ Ma-J 12h-22h, V 12h-23h, S 10h-23h, D 10h-22h

3 Five Guys
Excellents burgers à composer soi-même et frites fraiches !
2 Metrotech Center, Brooklyn
$ TLJ 11h-22h

4 Kimoto Rooftop Garden Lounge
Rooftop bar avec vue sur Downtown Brooklyn. Cadre japonisant mais ambiance plutôt *clubbing*.
228 Duffield Street, Brooklyn
Ma-J 18h-1h, V 18h-3h, S 13h-4h, D 13h-1h

5 Shake Shack
La référence du burger à New York, avec ses frites dorées et croustillantes à souhait !
409 Fulton Street, Brooklyn
170 Flatbush Avenue, Bkn
TLJ 11h-23h

6 Pilot
Bar-resto sur un voilier amarré. Vue magnifique sur la *skyline* de Financial District.
Pier 6 Brooklyn Bridge Park
$ L-J 15h-0h, V 11h-0h, S-D 10h-0h (brunch 10h-14h)

7 Le Boudoir
La déco baroque de ce *speakeasy* tenu par un Français vous fera voyager ! Shows burlesques.
135 Atlantic Avenue, Brooklyn
V-S 19h-2h

8 TALEA Beer Co.
Les bières TALEA sont créées par deux femmes férues de brassage artisanal. Mon conseil : demandez un plateau de dégustation (avec différentes bières servies dans des fonds de verre). J'adore le concept.
61 Bergen Street, Brooklyn
D-J 12h-23h, V-S 12h-0h

9 Colina Cuervo
Café sud-américain très sympa, notamment pour prendre son petit-déjeuner ou manger un encas.
759 Nostrand Avenue, Brooklyn
$$ D-L 8h-15h, Ma-V 8h-19h, S 9h-19h

10 Barboncino
La meilleure pizzéria du quartier de Crown Heights. Cadre sympa, bois et briques apparentes.
781 Franklin Avenue, Brooklyn
$$$ TLJ 11h-23h

11 Burger Village
Resto spécialisé dans le burger 100 % bio et éco-responsable. Propose aussi des menus végé, soupes, salades…
222 7th Avenue, Brooklyn
$$ TLJ 11h-22h

12 Red Hook Lobster Pound
Vous y dégusterez de délicieux *lobster rolls* (hotdogs au homard).
284 Van Brunt Street, Brooklyn
$$$ D-J 12h-21h, V-S 12h-22h

13 Barbès
Concerts et performances live sont au menu de cet excellent bar tenu par deux musiciens français.
376 9th Street, Brooklyn
L-V 17h-2h, S-D 14h-2h

14 Sunny's Bar
Authentique saloon isolé dans un coin de Red Hook. Clientèle locale et ouvrière. *Cash only*.
253 Conover Street, Brooklyn
L-Ma 15h-h0, Me-J 15h-1h, V 14h-2h, S 12h-2h, D 12h-0h

15 Brooklyn Crab
Bon resto de fruits de mer qui a tout d'une cabane de pécheur.
24 Reed Street, Brooklyn
$$$ D-J 12h-22h, V-S 12h-23h

16 Hometown Bar-B-Que 👍
Vous aimez la viande grillée/fumée ? Ce saloon est fait pour vous ! Déco à l'avenant.
454 Van Brunt Street, Brooklyn
$$$ D, Ma-J 12h-22h, V-S 12h-23h

Shopping

1 Kings County Distillery
Plus acienne distillerie de whisky de New York. Visites guidées et dégustations possibles.
299 Sands Street, Brooklyn
L-V 14h-22h, S 12h-22h, D 12h-20h

2 Jimmy Jazz / SNIPES
Magasin de streetwear. Bon choix de sneakers. Prix raisonnables.
520 et 1264 Fulton St, Brooklyn
162 et 910 Flatbush Ave, Bkn
L-S 9h30-20h, D 11h-19h

3 Beacon's Closet
Friperie très populaire, on y trouve de tout : vêtements, maroquinerie…
92 5th Avenue, Brooklyn
L-S 12h-20h, D 11h-20h

4 The Red Hook Winery
Très bel entrepôt viticole où l'on peut gouter et acheter des vins new-yorkais.
175 Van Dyke Street, Brooklyn
L, J, D 12h-19h, V-S 12h-21h

Pâtisseries

1 Junior's
Les cheesecakes ont fait la réputation de cette pâtisserie qui est aussi un très bon *deli*.
386 Flatbush Avenue EXT, Bkn
D-J 7h-23h, V-S 7h-0h

2 Brooklyn Farmacy & Soda Fountain 👍
Excellent glacier dont le décor vous fera remonter le temps !
513 Henry Street, Brooklyn
TLJ 14h-22h

3 Steve's Authentic Key Lime Pie 👍
La fabrique est un peu excentrée, les tarifs un peu élevés, mais ces tartes au citron vert le valent bien !
185 Van Dyke Street, Brooklyn
L-J 12h-19h, V 12h-20h, S 11h-20h, D 11h-19h

Loisirs

1 Barclays Center ☆
La salle des Brooklyn Nets, où se déroulent aussi de nombreux spectacles, concerts…
620 Atlantic Avenue, Brooklyn

2 Cobble Hill Park
Très joli petit parc où se retrouvent les familles/nounous du quartier.
Clinton Street
TLJ 6h-1h

3 Governors Island
De récents aménagements ont fait de cette ile (et ancienne base militaire) un incontournable lieu de visite et de récréation estival.

4 Prospect Park ☆
Cet immense parc (l'un des plus grands de New York) comprend un zoo, des aires de jeux, un carrousel du début du siècle…

5 Red Hook Pool
Piscine publique extérieure ouverte l'été (entrée gratuite).
155 Bay Street, Brooklyn
TLJ 11h-19h

Hotspots photo

1 Smith-9th Streets Station
Superbe vue sur la *skyline* et notamment Financial District.
9th Street, Brooklyn

Légende
👍 Les suggestions d'Alex
☆ Les incontournables
Horaires d'ouverture
$ Tarifs moyens

Les horaires et tarifs sont donnés à titre indicatif.

Les tarifs correspondent au prix moyen d'un plat (le soir) :
$ moins de 10 dollars
$$ 10 à 15 dollars
$$$ 15 à 25 dollars
$$$$ 25 à 40 dollars
$$$$$ plus de 40 dollars

N
Port Liberte
Upper
Bay
Culture Lounge, Staten Island Arts
St George
Tompkinsville
Stapleton
Clifton
Grasmere
Old Town
Dongan Hills
Jefferson Av
Grant City
New Dorp
Staten Island Expy
Expy
Staten
Island
Verrazano-Narrows Bridge
Lower Bay
Atlantic Ocean
Rockaway
Inlet
25 St
Fort Hamilton Pkwy
36 St
9 Av
45 St
53 St
59 St
Gowanus Expy
8 Av
Fort Hamilton Pkwy
Fort
Hamilton
Pkwy
50 St
55 St
62 St
New Utrecht Av
18 Av
20 Av
71 St
79 St
Bay Ridge Av
77 St
86 St
Bay Ridge-
95 St
Shore Pkwy
18 Av
20 Av
Bay Pkwy
25 Av
Church Av
Ditmas Av
Newkirk Av
Beverly Rd
Cortelyou Rd
Newkirk Plaza
Flatbush Av -
Brooklyn College
Avenue H
Avenue J
18 Av
Avenue I
Avenue M
Bay Pkwy
Avenue N
Kings Hwy
Avenue P
Bay Pkwy
Kings Hwy
Kings Hwy
Avenue U
Neck Rd
Avenue U
86 St
Avenue X
Sheepshead Bay
Ocean Pkwy
Flatbush Ave
Shore Pkwy
Belt Pkwy
Bay 50 St.
Neptune Av
Brighton Beach
Ocean Pkwy
W 8 St -NY Aquarium
Coney Island-
Stillwell Av
0
800
1600m

L Brooklyn (sud), Staten Island

L'essentiel

La pointe sud de Brooklyn s'anime surtout l'été, lorsque les plages de Coney Island, Brighton Beach et Manhattan Beach sont prises d'assaut par les touristes mais aussi et surtout par les classes populaires de la ville ! Staten Island est un peu le parent pauvre des quartiers new-yorkais, ignoré des touristes et négligé par les guides, mais cette ile est promise à un très bel avenir…

Tourisme	★
Shopping	★
Sorties	★
Tranquillité	★★★★★
Vie locale	★★★★★
Logement	★★★★★
Tarifs	★★★★★

(Légende p. 13)

☆ Les incontournables

Coney Island Beach

Peu fréquentés en hiver, la plage de Coney Island et son parc d'attractions (le célèbre Luna Park, rénové en 2010) attirent énormément de monde durant la période estivale.

Nathan's Famous

Le hotdog le plus connu de New York est chez Nathan's Famous ! C'est ici que se déroule chaque année le concours fou du plus gros mangeur de hotdogs !

Empire Outlets

Les premiers *outlets* (magasins d'usine) de New York ont ouvert en 2019 à Staten Island. On y trouve une vingtaine d'enseignes, mais aussi des bars, des restos…

Staten Island Ferry

LE bon plan pour admirer la statue de la Liberté sans débourser un centime : le ferry qui fait la liaison entre Manhattan et Staten Island passe à proximité de Miss Liberty… et il est gratuit !

Découvrez Luna Park !

go-ny.fr/
luna

Ce parc d'attractions de Coney Island, né en 1903, a rouvert ses portes en 2010 et propose de nombreux manèges dont une magnifique grande roue et plusieurs montagnes russes. Il fait face à la très belle plage de Coney Island, ce qui le rend encore plus attractif !

Carte L Brooklyn (sud), Staten Island

Musées, monuments… | Restos, bars… | Shopping | Pâtisseries | Loisirs | Hotspots photo

Musées, monuments…

1 Green-Wood Cemetery 👍
Cimetière fondé en 1838 qui impressionne autant par sa taille (193 hectares) que par sa beauté. Classé site historique national.

500 25th Street, Brooklyn
TLJ 7h-19h (entrée principale)

2 Narrows Botanical Gardens
Très joli jardin botanique donnant sur la baie de New York.

Shore Road (entre Bay Ridge Avenue et 72nd Street), Brooklyn
TLJ 10h-17h

3 Postcards (Memorial)
Mémorial dédié aux habitants de Staten Island victimes des attentats du World Trade Center.

Bank Street, Staten Island

4 Staten Island Ferry ☆
Terminal du ferry en provenance ou à destination de Manhattan. Liaison gratuite toutes les 20 à 30 minutes.

1 Bay Street, Staten Island
TLJ 24h/24

5 Dyker Heights
De fin novembre à début janvier, ne manquez pas d'aller admirer les splendides décorations illuminées des maisons de Dyker Heights !

6 Staten Island Children's Museum
Musée pour les enfants avec des espaces de jeux et découvertes.

1000 Richmond Terrace, Staten Is.
Me 10h-13h, 14h-18h
J-D 10h-13h, 14h-17h

7 Alice Austen House Museum & Garden
Maison de la photographe (1866-1952), reconvertie en musée.

2 Hylan Boulevard, Staten Island
Ma-S 12h-17h

8 Verrazano Bridge
Le pont Verrazano-Narrows relie les *boroughs* de Staten Island et Brooklyn. Il est sur le parcours du célèbre marathon de New York !

9 New York Aquarium
Le plus vieil aquarium des États-Unis a inauguré en 2018 un nouvel espace entièrement dédié aux requins : *Ocean Wonders: Sharks!*

602 Surf Avenue, Brooklyn
D-J 10h-17h, V-S 10h-19h (l'été)
L-D approx. 10h-16h (l'hiver)

10 Staten Island Zoo
Petit zoo de 3,2 hectares abritant quelque 350 espèces animales. À visiter en famille !

705 Clove Road, Staten Island
TLJ 10h-16h45

Restos, bars…

1 Panino Rustico
Crêpes et paninis sont les spécialités de ce sympathique café italien !

5801 Avenue N, Brooklyn
8222 17th Avenue, Brooklyn
2110 Richmond Road, Staten Is.
$ L-S approx. 10h-21h30

2 Tacos El Bronco
Foodtruck mexicain très bon et pas cher à deux pas du Green-Wood Cemetery (le resto du même nom se trouve au 4324 4th Ave, Bkn).

860 5th Avenue, Brooklyn
$ J-Ma 13h-2h, Me 19h-2h

3 Enoteca Maria
Excellent resto italien bio dont la cuisine est inspirée par les recettes des grand-mères. Ces "nonnas" sont régulièrement invitées à cuisiner dans le resto !

27 Hyatt Street, Staten Island
$$$$ V-D 12h-22h

4 Beso 👍
Très bon resto latino proche de l'embarcadère du ferry.

70 Bay Street, Staten Island
$$$ L-J 11h30-22h,
V-S 11h30-23h, D 11h30-21h

5 Taqueria El Gallo Azteca
Un bon tex-mex servant des plats faits maison pour moins de $10.

75 Victory Blvd, Staten Island
$ TLJ 8h-22h

6 Craft House
Ce pub conjugue parfaitement bien BBQ et bière pression !

60 Van Duzer St, Staten Island
$$ Me-J 17h-22h, V 17h-0h
S 14h-0h, D 12h-22h

7 Paneantico Bakery Cafe
Pâtisserie-*coffee shop* italien qui fait aussi de très bons sandwichs.

9124 3rd Avenue, Brooklyn
$$ L-D 7h-22h

8 Bayhouse Breezy Point
Bar-resto donnant sur la plage. Parfait pour un encas le midi ou un cocktail au soleil couchant !

500 Bayside Drive, Queens
$$$ Me-J, D-L 12h-23h,
V-S 12h-0h

9 Five Guys
Le fastfood préféré d'Obama ! Excellents burgers à composer soi-même et frites fraiches !

1628 Shore Parkway, Brooklyn
$ TLJ 11h-22h

10 Bayou
Resto proposant une cuisine cajun-créole inspirée du *French Quarter* de la Nouvelle-Orléans !

1072 Bay Street, Staten Island
$$$$ D-J 12h-22h,
V-S 12h-23h

11 Bin 5
Étoilé au Michelin, recommandé par le New York Times, cet italien ne déçoit pas. Cadre romantique.

1233 Bay Street, Staten Island
$$$$ L, Me-J 17h-22h,
V 17h-23h, S 15h-23h, D 14h-21h

12 Nathan's Famous ☆
Les hotdogs de chez Nathan's font à jamais partie de l'histoire et du folklore new-yorkais !

1310 Surf Avenue, Brooklyn
1205 Boardwalk W, Brooklyn
$ TLJ approx. 10h-23h

13 Ruby's Bar & Grill
Ce Bar & Grill américain est un des incontournables de la promenade de Coney Island.

1213 Riegelman Boardwalk
$ L-J 11h-20h, V 11h-0h,
S 10h-0h, D 10h-23h

14 Basilio Inn
Le plus vieux restaurant de Staten Island, fondé en 1921. Très bonnes pâtes et délicieux risottos !

6 Galesville Court, Staten Is.
$$ Ma-S 15h-22h,
D 13h-20h

15 Harvest Café
Petit café-restaurant idéal pour un lunch ou un petit-déjeuner.

694 New Dorp Ln, Staten Island
$$ Me-D 8h-15h

Shopping

1 Industry City 👍
Campus de petites entreprises, commerces, restos, bars… géré par un consortium privé. Évènements réguliers (musique, installations artistiques…).

220 36th Street, Brooklyn
TLJ 9h-21h

2 Empire Outlets ☆
Les premiers magasins d'usine de New York City ont ouvert ici en 2019 : Gap, H&M, Nike, Levi's…

55 Richmond Terrace, Staten Is.
L-S 10h-20h, D 11h-20h

Loisirs

1 Rockaway Beach (Queens) 👍
C'est la plage de prédilection des surfeurs et *hipsters* new-yorkais ! Possibilité de louer des planches sur place.

2 Luna Park
Célèbre parc d'attractions créé en 1903, abandonné puis démantelé, avant de revenir à la vie en 2010 !

1000 Surf Avenue, Brooklyn

3 Coney Island Beach & Boardwalk ☆
La fameuse et très prisée plage de Coney Island, sa promenade et son parc d'attractions (Luna Park).

4 Franklin D. Roosevelt Boardwalk and Beach 👍
Très jolie plage de Staten Island avec sa promenade, ses aires de jeux, sa jetée pour la pêche…

5 Staten Island Greenbelt
Système de chemins reliant différents parcs au cœur de l'île (une petite randonnée ?).

700 Rockland Avenue, Staten Is.

Hotspots photo

1 Vues depuis le Green-Wood Cemetery
Ce cimetière paysager offre de très jolies vues sur la *skyline* et la statue de la Liberté.

GPS 40.658005, -73.988796

2 Vue sur Manhattan
Depuis Empire Outlets, Postcards, ou n'importe quel endroit dégagé du front de mer, vous aurez une vue sublime sur la baie supérieure et la pointe sud de Manhattan.

3 Vue sur la Wonder Wheel (Coney Island)
Une vue inhabituelle vous attend au bout du quai de la ligne D. Attendez qu'un train arrive pour prendre une photo avec la grande roue en arrière-plan.

Coney Island-Stillwell Av Station

Légende

👍 Les suggestions d'Alex
☆ Les incontournables
Horaires d'ouverture
$ Tarifs moyens

Les horaires et tarifs sont donnés à titre indicatif.

Les tarifs correspondent au prix moyen d'un plat (le soir) :

$ moins de 10 dollars
$$ 10 à 15 dollars
$$$ 15 à 25 dollars
$$$$ 25 à 40 dollars
$$$$$ plus de 40 dollars

Les suggestions d'Alex

Green-Wood Cemetery
Cet immense cimetière est classé site historique national. Ses monuments, son aménagement paysager et sa vue sur la baie de New York justifient largement la visite.

Industry City (photo ci-contre)
Ancien complexe de transport intermodal réhabilité qui abrite de petites entreprises innovantes, des commerces, des restos... formant une sorte de "hub culturel" toujours très animé. Top !

Beso
Resto-bar à tapas proposant des spécialités hispaniques à déguster à table ou au comptoir. Un service chaleureux, du gout dans l'assiette, des plats copieux… Je recommande !

Rockaway Beach
Les plages de la péninsule Rockaway (accessibles en métro ou en ferry depuis Manhattan) attirent les foules l'été, notamment les surfeurs qui viennent se frotter aux rouleaux de l'Atlantique.

Vos adresses et bons plans

Ajoutez vos propres points d'intérêt en utilisant les gommettes prévues à cet effet. Les gommettes fonctionnent par paires : collez la première à l'endroit souhaité sur la carte et la seconde dans l'un des encarts ci-dessous, afin d'y associer une description.

8 idées de balades

1. Balade à Midtown

Longueur : 3,7 km
Durée : 1h30 à 2h

J'ai préparé cette balade pour vous permettre de découvrir les grands classiques de Midtown. Idéale lors d'un premier voyage.

2. Balade à Downtown

Longueur : 4,8 km
Durée : 2h à 2h30

Lower East Side, Chinatown, Little Italy et NoLIta

3. Balade à Brooklyn

Longueur : 6,6 km
Durée : 3h à 3h30

Boerum Hill, Cobble Hill, Carroll Gardens et Red Hook

4. Balade à Brooklyn II

Longueur : 6,5 km
Durée : 3h à 3h30

Bedford Stuyvesant, Crown Heights, Prospect Park et Park Slope

5. Balade à Queens

Longueur : 6,5 km
Durée : 3h à 3h30

Corona et Flushing (dont Flushing Meadows Corona Park et Flushing Chinatown)

6. Balade à Staten Island

Longueur : 3,9 km
Durée : 1h30 à 2h

St. George

7. Balade à The Bronx

Longueur : 4,3 km
Durée : 2h à 2h30

Fordham Heights et Belmont (dont Little Italy in The Bronx)

Où voir des œuvres d'Eduardo Kobra à New York ?

J'ai cartographié pour vous les œuvres d'Eduardo Kobra, un formidable *street artist* brésilien qui a réalisé des fresques de toute beauté à New York !

Les durées sont indicatives et ne prennent pas en compte les éventuels arrêts (musées, restaurants, commerces…).

N
57 St -
7 Av
W. 55th St.
W. 54th St.
W. 53rd St.
7 Av
5 Av / 53 St
W. 52nd St.
W. 51st St.
51 S
50 St
W. 50th St.
W. 50st St.
W. 49th St.
W. 48th St.
49 St
47-50 Sts -
Rockefeller
Center
W. 47th St.
W. 46th St.
W. 45th St.
W. 44th St.
W. 43rd St.
ARRIVÉE
42 St.-
Time Sq.
DÉPART
W. 42nd St.
5 Ave.
42 St.-
Grand Central
W. 42n
W. 41st St.
W. 40th St.
W. 39th St.
W. 38th St.
W. 37th St.
W. 36th St.
Broadway
7th Ave.
6th Ave.
5th Ave.
Madison Ave.
Park Ave.
Lexington Ave.
1
2
3
4
5
6
7
8
9
10
11
12
13
14
0
100
200m

Balade à Midtown

Longueur : 3,7 km
Durée : 1h30 à 2h

Si j'encourage régulièrement les gens à sortir des sentiers battus, je ne conçois pas que l'on puisse aller à New York sans visiter les sites phares de Midtown ! Et s'il s'agit de votre premier voyage, je vous conseille même de faire cette balade dans les toutes premières heures qui suivent votre arrivée : cela vous mettra directement dans le bain !
À ceux qui craignent que la fatigue du voyage ait raison d'eux, je réponds d'une part qu'il faut essayer de veiller afin de limiter l'impact du décalage horaire (et je parle en connaissance de cause !), d'autre part que l'atmosphère de la ville a un effet galvanisant qui leur permettra de trouver un second souffle.
Au bout d'un moment, la fatigue fera ainsi place à une forme d'émerveillement psychédélique, et vous vous souviendrez longtemps de la claque visuelle qui vous attend à Times Square…

DÉPART - Au croisement de 41st Street et 6th Avenue

1 Bryant Park
Très agréable jardin à la française perdu entre les gratte-ciels, Bryant Park est l'endroit idéal pour faire une pause et/ou manger un encas…

2 New York Public Library
Ce n'est pas seulement la deuxième plus grande librairie du pays, c'est aussi l'une des plus belles du monde ! Si l'heure vous le permet, entrez-y.

3 Vue sur Grand Central Terminal et le Chrysler Building
En vous dirigeant vers Grand Central, vous aurez une très belle vue à la fois sur la gare et sur le Chrysler Building. Une photo s'impose !

4 Grand Central Terminal
Dans le superbe hall principal, vous assisterez au formidable ballet créé par les incessants va-et-vient de la foule. Postez-vous sur une mezzanine.

5 NBA Store
Le paradis des fans de basket : des maillots, teeshirts, *goodies*… comme s'il en pleuvait !

6 Rockefeller Plaza
Terrasse de restaurant l'été et patinoire l'hiver (The Rink), cet endroit fait partie des symboles du Rockefeller Center.

7 FAO Schwarz
Le plus célèbre magasin de jouets de la ville a fermé son enseigne historique de 5th Avenue, mais la magie continue au 30 Rockefeller Plaza !

8 Top of the Rock
Pour moi l'observatoire le plus sympa, avec une vue exceptionnelle sur l'Empire State Building d'un côté et Central Park de l'autre.

9 St Patrick's Cathedral
Même entourée de gratte-ciels, la plus grande cathédrale néogothique d'Amérique du Nord vous impressionnera par sa majestuosité !

10 Radio City Music Hall
Fameuse salle qui acceuille de nombreux spectacles (notamment *The Rockettes*) et cérémonies (Grammy et Tony Awards…).

11 Ellen's Stardust Diner
Resto qui reprend les codes du *diner* des années 1950, avec des serveurs qui assurent l'ambiance en chantant des classiques de Broadway !

12 M&M's World
Boutique étendard de la célèbre marque. Vous y trouverez des tonnes de dragées et de *goodies* en tout genre !

13 TKTS
Situé sous les escaliers de Times Square, ce guichet propose des places pour des shows de Broadway à prix cassés.

14 Times Square
Faut-il encore présenter Times Square ? C'est incontestablement l'endroit le plus électrique et le plus emblématique de New York !

ARRIVÉE - Station Times Sq-42 St

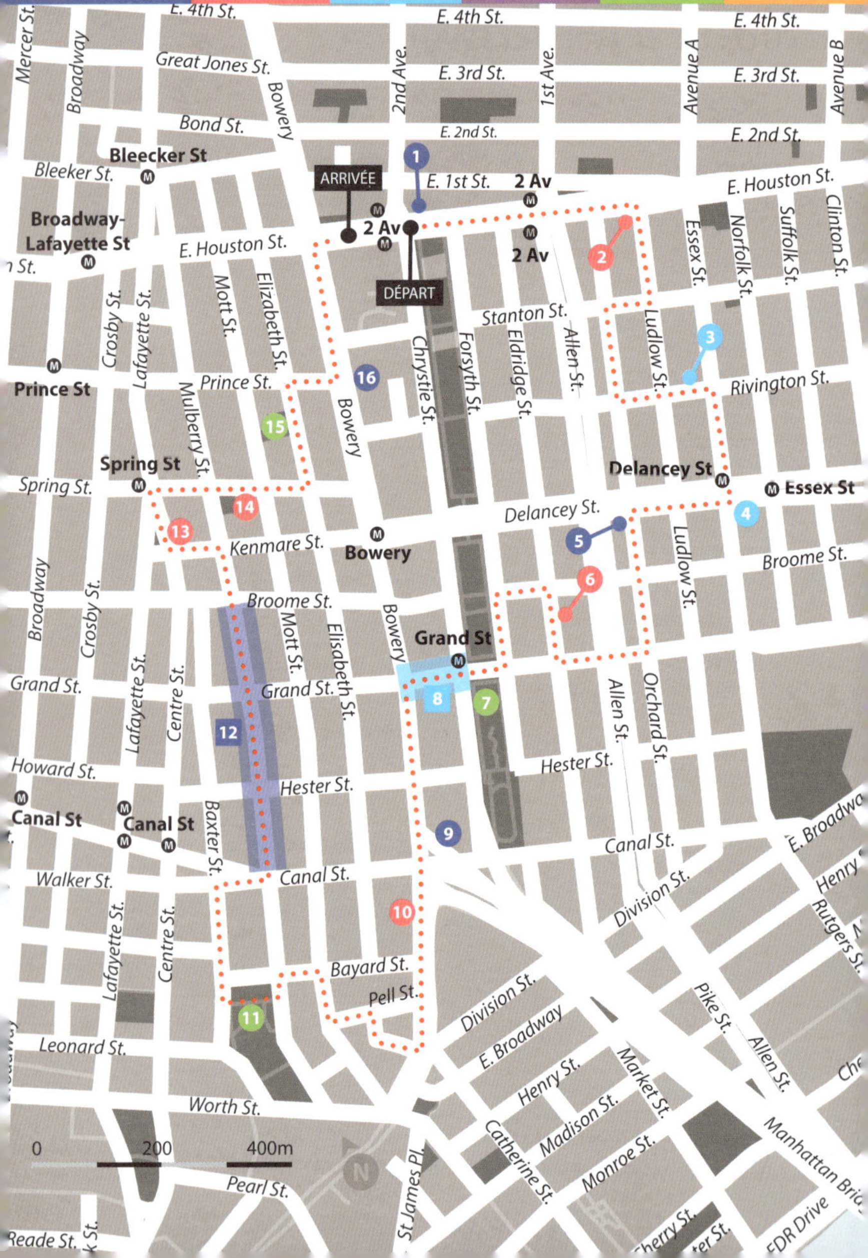

E. 4th St.
Great Jones St.
Bond St.
E. 3rd St.
E. 2nd St.
Mercer St.
Broadway
Bowery
2nd Ave.
1st Ave.
Avenue A
Avenue B
Bleecker St
Bleeker St.
ARRIVÉE
DÉPART
E. 1st St.
2 Av
E. Houston St.
Broadway-Lafayette St
Crosby St.
Lafayette St.
Mott St.
Elizabeth St.
Stanton St.
Chrystie St.
Forsyth St.
Eldridge St.
Allen St.
Ludlow St.
Essex St.
Norfolk St.
Suffolk St.
Clinton St.
Rivington St.
Prince St
Prince St.
Mulberry St.
Spring St
Spring St.
Delancey St
Delancey St.
Essex St
Kenmare St.
Bowery
Broome St.
Grand St
Grand St.
Elisabeth St.
Orchard St.
Centre St.
Howard St.
Hester St.
Canal St
Canal St.
Baxter St.
Walker St.
Division St.
E. Broadway
Henry St.
Rutgers St.
Bayard St.
Pell St.
Leonard St.
Worth St.
Pike St.
Market St.
Madison St.
Catherine St.
Monroe St.
Manhattan Bridge
FDR Drive
Cherry St.
Pearl St.
St James Pl.
Reade St.
0
200
400m
N
1
2
3
4
5
6
7
8
9
10
11
12
13
14
15
16

Balade à Downtown

Longueur : 4,8 km
Durée : 2h à 2h30

Je vous propose une boucle de près de 5km dans Lower Manhattan, c'est-à-dire le cœur historique de l'ile, à travers quatre quartiers aux identités bien distinctes.
Le Lower East Side, que j'affectionne particulièrement pour ses différentes inspirations culturelles et ses innombrables lieux de sortie (restos, bars...) ; le quartier chinois (Chinatown) qui grouille de petits commerces et de marchands ambulants ; le quartier italien (Little Italy) qui a tendance à se délocaliser dans d'autres quartiers et se limite aujourd'hui à quelques rues (notamment la très emblématique rue Mulberry) ; NoLIta (North of Little Italy) qui a perdu son caractère italo-américain et fait aujourd'hui figure de quartier branché... Bonne balade !

DÉPART - Station 2nd Avenue (ligne F)

1 First Street Green Cultural Park
Aménagé le long de la rue, ce petit parc est depuis 2008 un *open art space* (un espace artistique public), mettant à l'honneur le *street art* sous toutes ses formes...

2 Katz's Delicatessen
Le célèbre deli où se déroule la non moins célèbre scène entre Meg Ryan et Billy Crystal dans le film *Quand Harry rencontre Sally* !

3 Economy Candy
Des linéaires remplis de confiseries diverses et variées pour satisfaire petites et grosses envies de bonbons !

4 Essex Street Market
Marché couvert historique proposant une grande variété de produits représentatifs des différentes populations qui vivent dans le Lower East Side (L-S de 8h à 20h, D de 10h à 18h). A investi un nouvel immeuble en 2019, plus grand et plus moderne.

5 Tenement Museum
Un musée original qui permet de comprendre l'histoire de New York en reconstituant le cadre de vie et le processus d'intégration des immigrés (visites guidées en anglais).

6 Vanessa's Dumpling House
On y déguste d'excellents *dumplings* (raviolis asiatiques), parmi les meilleurs de la ville.

7 Playgrounds de Chinatown
(Sara D. Roosevelt Park)
Aire de jeux pour enfants (Hester Street Playground), terrains de soccer et de basket... où j'aime me poser sur un banc pour regarder jouer les locaux.

8 Commerces asiatiques
Rue typique de Chinatown avec de nombreux détaillants : primeurs, poissonniers...

9 Mahayana Buddhist Temple
Temple bouddhiste abritant une statue géante de Bouddha (5m de haut). À l'extérieur, impossible de manquer l'entrée monumentale du pont de Manhattan.

10 Joe's Shanghai
Très bonne enseigne pour manger chinois. Ouvert de 11h à 22h (sans réservation, paiement uniquement en espèces).

11 Colombus Park
Lieu de détente et de divertissement prisé par la communauté chinoise : joueurs de xiangqi (échecs chinois), pratiquants de tai-chi-chuan...

12 Little Italy
En entrant dans Mulberry Street, vous entrez d'un coup d'un seul dans Little Italy, ou plutôt ce qu'il en reste, car la superficie du quartier italien de Manhattan s'est réduite comme peau de chagrin depuis le milieu du 20e siècle...

13 Eileen's Special Cheesecake
C'est ici que l'on mange les meilleurs cheesecakes de New York, voire du monde (si, si !).

14 Lombardi's Pizza
Établissement historique où les pizzas sont faites de la même façon depuis 1905 ! Contrairement à l'usage new-yorkais, les pizzas de Lombardi sont toujours servies ou vendues entières (et non à la part).

15 Elizabeth Street Garden
Petit jardin enchanteur menacé de destruction depuis plusieurs années, il doit sa survie à l'activisme d'une association locale...

16 New Museum
Le très avant-gardiste New Museum of Contemporary Art est en lui-même une œuvre architecturale audacieuse (signée Kazuyo Sejima et Ryue Nishizawa).

ARRIVÉE - Station 2nd Avenue (ligne F)

N
Pier 6
Governors Island
Governors Island
Hugh L. Carrey Tunnel
Buttermilk Channel
Joralemon St.
Columbia Pl.
Willow Pl.
Hicks St.
Garden Pl.
Henry St.
Sidney St.
Clinton St.
Court St.
Boerum Pl.
Smith St.
Hoyt St.
Furman St.
State St.
Atlantic Ave.
Atlantic Ave.
Pacific St.
Pacific St.
Dean St.
Amity St.
Bergen St.
DÉPART
Bergen St
Wyckoff St.
Congress St.
Verandah Pl.
Warren St.
Warren St.
Baltic St.
Baltic St.
Kane St.
Butler St.
Strong St.
Clinton St.
Tompkins St.
Court St.
Smith St.
Douglass St.
Degraw St.
Degraw St.
Columbia St.
Brooklyn Queens Expy
Cheever Pl.
Henry St.
Hoyt St.
Degraw St.
Sackett St.
Sackett St.
Sackett St.
Union St.
Union St.
Union St.
President St.
President St.
President St.
Caroll St
Carroll St.
Carroll St.
Carroll St.
1st Pl.
2nd St.
2nd Pl.
3rd St.
3rd Pl.
4th St.
5th St.
4th Pl.
Summit St.
Woodhull St.
Rapelye St.
Hamilton Av.
Bowne St.
Seabring St.
Commerce St.
Delavan St.
Verona St.
Visitation Pl.
Pioneer St.
King St.
Sullivan St.
Wolcott St.
Dikeman St.
Coffey St.
Van Dyke St.
Beard St.
Barnell St.
Bowne St.
Imlay St.
Van Brunt St.
Conover St.
Richards St.
Ferris St.
Van Brunt St.
Dwight St.
Otsego St.
Luquer St.
Luquer St.
Nelson St.
Nelson St.
Huntington St.
Huntington St.
W 9th St.
W 9th St.
Mills St.
Court St.
Smith St.
Garnet St.
Gowanus Expy
Centre St.
Bush St.
Lorraine St.
Lorraine St.
Creamer St.
Creamer St.
Bay St.
Bay St.
Sigourney St.
Columbia St.
Hicks St.
Henry St.
Clinton St.
Court St.
Smith St.
Bryant St.
Beard St. / Otsego St.
ARRIVÉE
Ikea Dock
0
400m
800m
1 2 3 4 5 6 7 8 9 10 11 12 13 14

Balade à Brooklyn

Longueur : 6,6 km

Durée : 3h à 3h30

Cette balade démarre sur Smith Street où les enseignes témoignent de la présence d'une forte communauté française ("Bar Tabac", "Bien Cuit"…) et se prolonge au sud-ouest dans les quartiers de Cobble Hill et Carroll Gardens, deux quartiers qui se sont embourgeoisés et se caractérisent par leur architecture, en particulier ces fameuses *brownstones* datant du 19e siècle, pour finalement s'achever à Red Hook, un quartier relativement isolé qui garde les marques de son activité portuaire (c'était l'un des principaux ports américains dans les années 1850) et recèle aujourd'hui quelques pépites que je vous invite à découvrir !

DÉPART - Station Bergen St (lignes F-G)

1 Bar Tabac
"Authentiquement français mais délicieusement local" tel qu'il se définit lui-même, *Bar Tabac* revendique la convivialité et le charme d'un bistrot des années 1960. Il organise chaque année un tournoi de pétanque pour célébrer le *Bastille Day* (14 juillet)…

2 Bien Cuit
La boulangerie du chef Zachary Golper vous prouvera que, à New York aussi, on sait faire "du bon pain" !

3 One Girl Cookies
Les pâtisseries de Dawn Casale et David Crofton sont si joliment faites qu'on ose à peine les manger… Mais, rassurez-vous, ce sentiment de culpabilité s'envole à la première bouchée !

4 Cobble Hill Park
Très agréable petit square au cœur de Cobble Hill. Idéal pour piqueniquer ou faire une simple pause.

5 Brooklyn Farmacy & Soda Fountain
Aménagé en lieu et place d'une boutique d'apothicaire des années 1920 (dont il a gardé le cachet en exploitant judicieusement le mobilier d'origine), cet établissement sert de délicieuses crèmes glacées !

6 Carroll Gardens
Agréable quartier résidentiel dont vous apprécierez les *brownstones* (alignements de maisons construites avec du grès rouge) et leurs jardins en façade.

7 Coffey Park
Ce charmant parc dispose de bancs et de tables pour piqueniquer, de plusieurs aires de jeux pour les enfants…

8 Widow Jane
Je vous encourage à visiter cette belle distillerie de whisky au cœur de Red Hook et, si vous êtes amateur, à repartir avec une bouteille ou deux…

9 Louis Valentino, Jr. Park and Pier
Cette jetée offre une très belle vue sur Governors Island et, au loin, la statue de la Liberté.

10 Steve's Authentic Key Lime Pie
Les meilleures tartes au citron vert que j'ai jamais mangées sont faites ici. Avis aux gourmands !

11 Waterfront Museum
Insolite petit musée aménagé dans une barge (Lehigh Valley No. 79) connue pour être le dernier modèle de son genre encore à l'eau et ouvert au public (jeudi 16h-20h et samedi 13h-17h).

12 Hometown Bar-B-Que
Ouvert en 2013, ce resto BBQ n'a pas tardé à faire parler de lui. Sa technique de fumage (héritée d'une tradition du sud) n'y est peut-être pas étrangère ! Petit bémol : l'attente peut être longue…

13 Brooklyn Crab
Prenez une cabane de pêcheurs, un saloon et un *diner*, ajoutez-y un *rooftop* et remuez le tout, vous obtenez Brooklyn Crab, un sympathique resto pour amateurs de crabe, de homard et de fruits de mer !

14 Dry Dock Wine + Spirits
Excellente boutique de vins et spiritueux ouverte en 2010 par deux résidents de Red Hook, Mary Dudine Kyle et Ron Kyle, qui en avaient marre de devoir aller dans d'autres quartiers chaque fois qu'ils voulaient acheter une bouteille de vin !

ARRIVÉE - Pour repartir : le ferry (Ikea Dock vers Pier 11) ; le bus (arrêt Beard St/Otsego St, lignes B57-61 vers Downtown-Brooklyn) ; le métro (station Smith 9 Sts, lignes F-G)

DÉPART
ARRIVÉE
1
2
3
4
5
6
7
8
9
10
11
12
13
14
15
Kingston-Thropp Avs
Classon Av
Clinton-Washington Avs
Nostrand Av
Franklin Av
Clinton-Washington Avs
Park Pl
Bergen St
7 Av
Grand Army Plaza
Eastern Pkwy-Brooklyn Museum
Franklin Av
Botanic Garden
Nostrand Av
President St
Sterling St
Prospect Park
Parkside Av
15 St - Prospect Park
Church Av
7 Av
Delkab Ave.
Lafayette Ave.
Clifton Pl.
Greene Ave.
Quincy
Gates Ave.
Monroe St.
Madison St.
Putnam Ave.
Jefferson Ave.
Hancock St.
Halsey St.
Fulton St.
Herkimer St.
Atlantic Ave.
Classon Ave.
Irving Pl.
Downing St.
Grand Ave.
Cambridge Pl.
Atlantic Ave.
Pacific St.
Dean St.
Bergen St.
St Marks Ave.
Prospect Pl.
Washington Ave.
Grand Ave.
Underhill Ave.
Vanderbilt Ave.
Carlton Ave.
Classon Ave.
Franklin Ave.
Bedford Ave.
Rogers Ave.
Norstrand Ave.
New York Ave.
Brooklyn Ave.
Kingston
Eastern Pkwy
Union St.
President St.
Carroll St.
Crown St.
Montgomery St.
Park Pl.
Sterling Pl.
St Johns Pl.
Lincoln Pl.
St Marks Pl.
Prospect Pl.
Park Pl.
Sterling Pl.
St Johns Pl.
Lincoln Pl.
Berkeley Pl.
Union St.
President St.
Carroll St.
Garfield Pl.
1st St.
2nd St.
3rd St.
4th St.
5th St.
6th St.
7th St.
8th St.
9th St.
10th St.
11st St.
12nd St.
13rd St.
14th St.
15th St.
16th St.
Windsor Pl.
Prospect Ave.
17th St.
18th St.
19th St.
20th St.
8th Ave.
7th Ave.
6th Ave.
Prospect Park West
Flatbush Ave.
Lefferts Ave.
E. New York Ave.
Maple St.
Midwood St.
Rutland Rd.
Fenimore St.
Hawthorne St.
Winthrop St.
Bedford Ave.
Flatbush Ave.
Ocean Ave.
Parkside Ave.
St Paul Pl.
E 21st St.
E 16th St.
E 15th St.
Church Ave.
Caton Ave.
Albemarle Rd.
Prospect Expy
10th Ave.
11th Ave.
Terrace Pl.
Seeley St.
Vanderbilt St.
Reeve Pl.
7th Ave
N
0
400
800m

Balade à Brooklyn II

Longueur : 6,5 km
Durée : 3h à 3h30

Je vous propose de découvrir trois quartiers distinctifs de Brooklyn, ainsi que Prospect Park qui est un peu à Brooklyn ce que Central Park est à Manhattan.
Cette balade débutera donc à Bedford Stuyvesant, un quartier afro-américain au passé sulfureux (comme en témoigne le célèbre film de Spike Lee, *Do the Right Thing*) qui s'embourgeoise depuis une dizaine d'années et donne à voir, entre autres choses, de remarquables *brownstones*.
En poursuivant dans Crown Heights, vous constaterez à quel point la culture hipster est contagieuse, puisque de plus en plus de boutiques artisanales, coffee-shops et restos bio y voient le jour…
Enfin, après avoir pu apprécier les espaces de détente et de loisirs de Prospect Park, vous découvrirez Park Slope, qui fait figure de quartier idéal et dont la presse loue régulièrement les qualités (architecturales, culturelles…).

DÉPART - Kingston-Throop Station (lignes A-C)

1 Fresque de Prince
Cette fresque est l'un des symboles de la *Prince Born Day Purple People Party*, une fête annuelle initiée par Spike Lee pour célébrer la naissance de Prince, en étant tout de violet vêtu !

2 Fresque de Yusuf Hawkins
Cette œuvre de Gabriel Specter commémore la disparition de Yusuf Hawkins, un ado noir de 16 ans abattu en 1989, levant une vague d'indignation.

3 Magasins de prêt-à-porter masculin
Les costumes et chaussures proposés dans ces 3 magasins semblent tout droit sortis des années 1970. Kitch ? Vintage ? Revival ? À vous de juger !

4 David's Brisket House
Petit resto qui prépare de délicieux sandwichs au pastrami. On vient de loin pour en manger !

5 Wholesome Farms Market
Commerce bio révélateur du processus de gentrification qui est en cours dans les quartiers de Crown Heights et Bedford Stuyvesant.

6 Coffee Spot
Petit café au cadre épuré ouvert en 2019 par Nailah, native de Crown Heights. Du bon café et quelques pâtisseries maison, en toute simplicité.

7 Bearded Lady Brooklyn
Non, il ne s'agit pas d'un barbier pour femme (*bearded lady* signifie "femme barbue") mais d'un très bon bar à cocktails, chic et *trendy*.

8 Fresque de Kobra
Le *street artist* brésilien Kobra a superbement mis en lumière Frida Kahlo et Diego Rivera, un couple d'artistes peintres mexicains.

9 Brooklyn Museum
Il est 4 fois plus petit et accueille 10 fois moins de visiteurs que le MET, mais il n'en demeure pas moins le 2e plus important musée de New York !

10 Jardin botanique de Brooklyn
Un havre de paix en plein Brooklyn. Ne manquez pas son magnifique jardin japonais !

11 Brooklyn Public Library
Très engagée dans le développement culturel du quartier, BPL s'est vu décerner en 2016 la plus haute distinction nationale (IMLS Medal) pour la qualité de ses services.

12 The Picnic House
Très jolie maison historique de Prospect Park qui accueille régulièrement fêtes et mariages.

13 Burger Village
Créé par quatre frères de Long Island, ce resto s'inscrit dans une mouvance 100 % bio et entend tordre le cou aux idées recues sur le burger.

14 Barnes & Noble
B&N est la plus grande chaine de librairies du pays. Il y a toujours une cafétéria où l'on peut manger, lire et utiliser le Wi-Fi gratuit.

15 Barbès
Créé par deux expatriés français, Barbès a fêté ses 20 ans d'existence en mai 2022, et il n'est pas exagéré de dire que ce bar a été l'un des artisans de la transformation culturelle de Brooklyn.
Les frenchies ont réussi leur pari de créer un espace communautaire autour d'un bar et d'une scène artistique. La qualité de sa programmation musicale est aujourd'hui largement reconnue.

ARRIVÉE - 7 Avenue Station (lignes F-G)

N
0
200
400m
Flushing Bay
Flushing Main St
ARRIVÉE
Mets - Willets Point
111 St
DÉPART
103 St - Corono Plaza
Junction Blvd.
1
2
3
4
5
6
7
8
9
10
11
12
13
14
29th Av.
30th Av.
31st Av.
122nd St.
123rd St.
College Point Blvd.
Whitestone Expy
32nd Ave.
33rd Ave.
34th Ave.
35th Ave.
Prince St.
Farrington St.
Linden Pl.
Northern Blvd.
Bowne St.
Union St.
138th St.
Roosevelt Av.
41st Ave.
Barclay Ave.
36th Ave.
36th Rd.
37th Ave.
38th Ave.
39th Ave.
40th Rd.
Sanford Ave.
Main St.
41st Ave.
41st Rd.
Maple Ave.
Pople Ave.
Avery Ave.
Blossom Ave.
Haight St.
Fuller Pl.
Delong St.
East Rd.
131st St.
127th Pl.
127th St.
126th St.
Northern Blvd.
Shea Rd.
Roosevelt Av.
Meridian Rd.
Astoria Blvd.
108th St.
109th St.
113rd St.
112nd St.
111st St.
110th St.
114th St.
34th Ave.
35th Ave.
36th Ave.
37th Dr.
38th Ave.
39th Ave.
104th St.
37th Rd.
37th Ave.
103rd St.
102nd St.
101st St.
100th St.
38th Ave.
Roosevelt Av.
40th Rd.
41st Ave.
42nd Ave.
43rd Ave.
44th Ave.
45th Ave.
46th Ave.
47th Ave.
48th Ave.
49th Ave.
50th Ave.
51st Ave.
52nd Ave.
53rd Ave.
54th Ave.
55th Ave.
111st St.
Grand Central Pkwy
99th St.
98th St.
97th St.
National St.
102nd St.
104th St.
Junction Blvd.
Warren St.
95th St.
Corona Av.
Alstyne Ave.
Corona Ave.
Van Cleef St.
Van Doren St.
Westside Av.
Otis Av.
Martense Av.
Waldron St.
Penrod St.
Granger St.
Xenia St.
Calloway St.
Horace Harding Expy
Long Island Expy
62nd Ave.
62nd Rd.
62nd Dr.
63rd Ave.
63rd Rd.
63rd Dr.
Yellowstone Blvd.
108th St.
110th St.
64st Ave.
64st Rd.
65st Ave.
65st Rd.
Christie Ave.
98th St.
97th Pl.
97th St.
96th St.
93rd St.
92nd St.
94th St.
91st
55th Ave.
57th Ave.
103rd St.
102nd St.
101st St.
100th St.
99th St.

Balade à Queens

Longueur : 6,5 km
Durée : 3h à 3h30

Queens est le plus grand et le plus cosmopolite des cinq *boroughs* de New York. L'un des moins touristiques aussi (ce qui ne sera pas pour vous déplaire si vous cherchez à sortir des sentiers battus).
La balade que je vous propose de faire n'explore qu'une infime partie de Queens, mais l'itinéraire est selon moi représentatif de la diversité et du multiculturalisme qui caractérisent ce *borough*. D'ailleurs, il se peut que vous ayez l'impression de commencer cette balade quelque part en Amérique du Sud et de la terminer au beau milieu d'un quartier de Pékin !
Oui, le dépaysement sera forcément au rendez-vous de cette balade que je vous souhaite la plus agréable possible et qui, je l'espère, vous donnera envie de retourner à Queens pour en voir davantage.

DÉPART - Station 103 St - Corona Plaza (ligne 7)

1 La Cabaña
Petit resto dominicain servant d'excellentes spécialités à petits prix, si vous voulez manger avant de démarrer la balade (à moins que vous ne préfériez tester *The King of Empanadas*, cf. point 3).

2 Louis Armstrong House Museum
Louis Armstrong a vécu dans cette maison de 1943 à sa mort, en 1971. Classée monument historique national, la maison est devenue un musée à la mémoire du légendaire jazzman (comptez 1h pour la visite).

3 The King of Empanadas
Fastfood sud-américain, parfait pour manger quelques *empanadas* sur le pouce.

4 New York Hall of Science
Musée de la science qui se situe dans les bâtiments de l'Exposition universelle de 1964. Propose de nombreuses expériences pratiques et interactives (emmenez-y vos enfants).

5 Queens Zoo
Ouvert en 1968, le zoo de Queens offre à voir plus de 75 espèces natives d'Amérique, c'est notamment le seul des 5 zoos new-yorkais à posséder des ours à lunettes (andins).

6 Arthur Ashe Stadium
Avec ses 23 771 places, le court principal de l'US Open est le plus grand stade de tennis jamais construit.

7 Unisphere
Globe terrestre en acier de 37 m de diamètre situé au milieu du parc de Flushing Meadows, symbole de l'Exposition universelle de 1964.

8 Queens Museum of Art
Principal musée de Queens abritant notamment une maquette géante de New York !

9 New York State Pavilion
Héritage monumental (et longtemps encombrant) de l'Exposition universelle, les 3 structures composant ce pavillon font aujourd'hui l'objet de différents projets pour trouver un nouveau souffle.

10 Maloof Skate Park
Skatepark jouxtant le New York State Pavilion. Il a la particularité de s'inscrire dans un cercle parfait.

11 Terrains de foot (soccer)
Terrains très prisés par les Sud-Américains qui ont le ballon rond dans le sang !

12 Flushing Chinatown
Le quartier chinois de Queens, une enclave en plein essor et déjà deux fois plus importante que celle de Manhattan !

13 Gyu-Kaku Japanese BBQ
Bon resto japonais dont la particularité est qu'un petit grill est intégré au centre de chaque table pour faire cuire sa viande.

14 NY Tong Ren Tang
Herboristerie chinoise traditionnelle qui vaut le coup d'œil.

ARRIVÉE - Station Flushing Main St (ligne 7)

N
0
100
200m
Upper Bay
11
ARRIVÉE
13
St George
St George
Terminal
DÉPART
10
12
1
2
3
4
5
6
7
8
9
Richmond Terrace
Carroll Pl.
St Marks Pl.
Stuyvesant Pl.
Academy Pl.
Hamilton Ave.
St Marks Pl.
Wall St.
Ferry Terminal Viaduct
Belmont Pl.
Daniel Low Terrace
Curtis Pl.
Fort Hill Cr.
Bay St.
Central Ave.
St Marks Pl.
Montgomery Ave.
Monroe Ave.
Daniel Low Terrace
Sherman Ave.
Westervelt Ave.
Crescent Ave.
Jersey St.
York Ave.
Layton Ave.
Taft Ave.
Hendricks Ave.
Benziger Ave.
Bismark Ave.
Winter Ave.
Scribner Ave.
Corson Ave.
Westervelt Ave.
Tompkinsville
Bay St.
Bay St.
Van Duzer St.
St Pauls Ave.
Hannah St.
Swan St.
Grant St.
Homer St.
Tompkins Cir
Fiedler Ave.
Willis Ave.
Edgar Terrace
Ward Ave.
Brook St.
Pike St.
Jersey St.
Ely St.
Van Tuyl St.
York Ave.
Jersey St.
Highview Ave.
Park Pl.
Nassau St.
Harvard Ave.
Prospect Ave.
Clyde Pl.
Franklin Ave.

Balade à Staten Island

Longueur : 3,9 km
Durée : 1h30 à 2h

Un journaliste du *Daily News* a écrit que visiter Staten Island était une expérience aussi exotique que de se rendre dans le Maine ou en Caroline du Sud !
Il faut bien comprendre qu'à la différence des autres *boroughs* de New York, Staten Island a des airs de province reculée, encore épargnée par la folie urbaine. On y trouve de nombreux parcs reliés par des chemins de randonnée (la *Greenbelt*), de longues et belles plages de sable fin, d'authentiques demeures de style victorien…
Bref, on se croirait partout sauf à New York !
S'agissant d'une ile très étendue et essentiellement résidentielle, je vous propose une petite balade (qui grimpe un peu, je vous préviens !) dans sa partie la plus historique, le quartier St. George, sur la côte nord, où vous pourrez vous rendre en empruntant le ferry gratuit au départ de Whitehall Terminal, à Manhattan.

DÉPART - St. George Terminal (ferry)

1 Enoteca Maria
Excellent resto italien bio dont la cuisine est inspirée par les recettes des grand-mères. Ces "nonnas" sont régulièrement invitées à cuisiner dans le resto !

2 Staten Island Borough Hall
Classé monument historique, il s'agit du principal bâtiment administratif de Staten Island. Vous apprécierez son style Renaissance et les 13 fresques du hall qui illustrent l'histoire du *borough*.

3 St. Georges Theatre
Ouvert en 1929, cet ancien théâtre accueille aujourd'hui de nombreux spectacles et concerts. N'hésitez pas à visiter son superbe *lobby*, décoré dans un style baroque mêlant des influences italiennes et espagnoles.

4 Brighton Heights Reformed Church
L'église de 1866 a été détruite par un incendie en 1996. Elle était inscrite au registre des sites historiques nationaux. L'édifice actuel a toutefois conservé l'esprit et le style néogothique de son aïeule.

5 Maisons typiques
Zone résidentielle particulièrement représentative de l'architecture des habitations de l'ile.

6 The Glorious Church of God in Christ
Église de tradition apostolique. Office public le dimanche à 11h.

7 Curtis High School (terrain de sport)
Avec un peu de chance, vous pourrez y voir un match de football américain ou de lacrosse (sport collectif d'origine amérindienne ayant des similitudes avec le hockey).

8 Jolies maisons en bois
Cinq très jolies maisons colorées et parfaitement alignées qui contrastent avec les immeubles se situant de part et d'autre.

9 Staten Island Museum
Créé en 1881, il s'agit de la plus ancienne institution culturelle de l'île. Collections portant sur l'art, l'histoire et les sciences naturelles. Ouvert du mercredi au dimanche de 11h à 17h.

10 Richmond County Bank Ballpark
Créé en 1881, il s'agit de la plus ancienne institution culturelle de l'île. Collections portant sur l'art, l'histoire et les sciences naturelles. Ouvert du mercredi au dimanche de 11h à 17h.

11 Postcards (memorial)
Cette sculpture monumentale, conçue par l'architecte new-yorkais Masayuki Sono, rend hommage aux habitants de Staten Island disparus lors des attentats du 26 février 1993 et du 11 septembre 2001.

12 Empire Outlets
Ce complexe de magasins d'usine a ouvert en 2019. Il y a encore peu d'enseignes (Gap, Levi's, Nike…) mais cela reste un bon plan, car la croisière pour s'y rendre est gratuite, et la vue sur la baie supérieure et la ville est vraiment sublime.

13 Starbucks
Accordez-vous une pause sur le front de mer avant de reprendre le ferry. Comme dans tous les Starbucks : café, thé, limonades, pâtisseries…

ARRIVÉE - St. George Terminal (ferry)

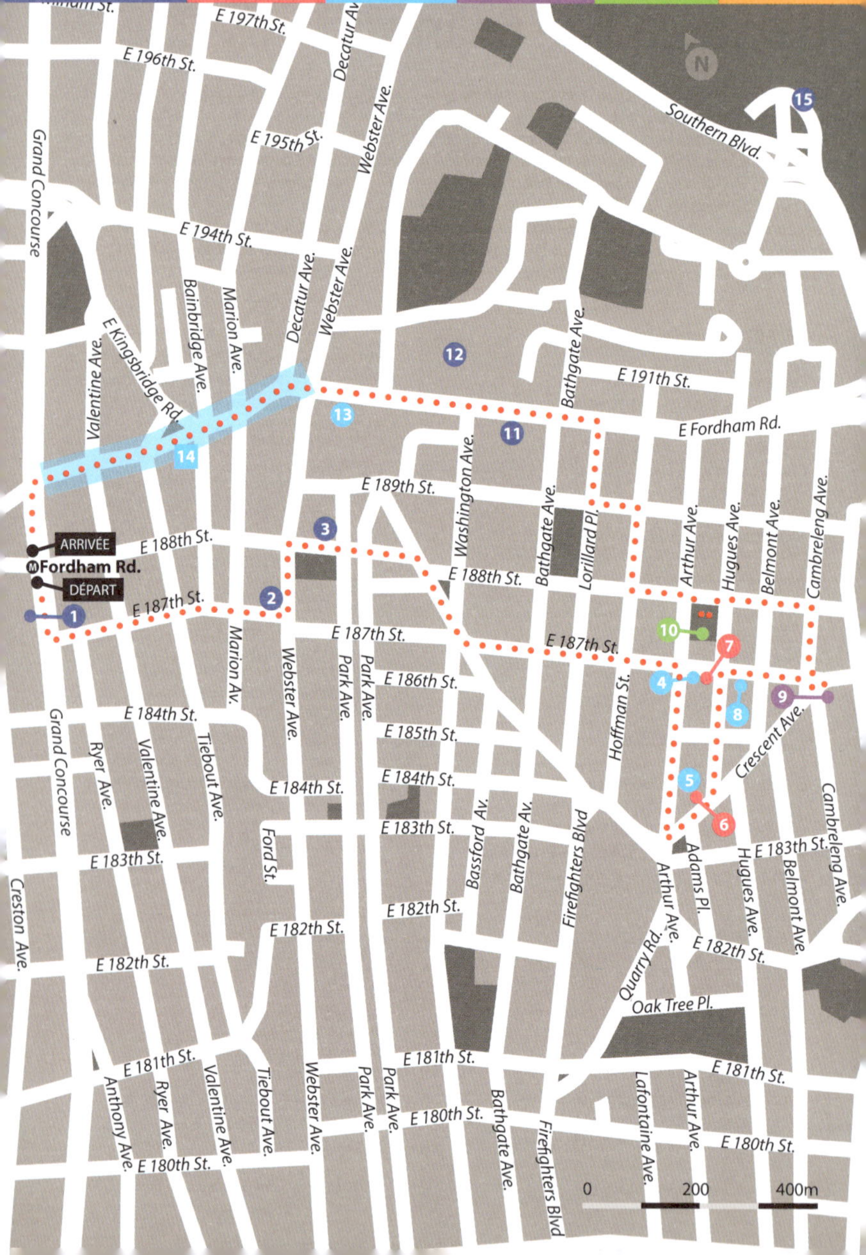
E 197th St.
E 196th St.
E 195th St.
E 194th St.
Grand Concourse
Decatur Ave.
Webster Ave.
Southern Blvd.
N
15
E Kingsbridge Rd.
Valentine Ave.
Bainbridge Ave.
Marion Ave.
12
Bathgate Ave.
E 191th St.
13
11
E Fordham Rd.
14
E 189th St.
Washington Ave.
Lorillard Pl.
Arthur Ave.
Hugues Ave.
Belmont Ave.
Cambreleng Ave.
3
ARRIVÉE
E 188th St.
Fordham Rd.
DÉPART
2
E 187th St.
1
10
7
Hoffman St.
E 186th St.
Park Ave.
4
8
9
E 184th St.
E 185th St.
Crescent Ave.
Ryer Ave.
Tiebout Ave.
5
E 183th St.
6
Bassford Av.
Bathgate Av.
Firefighters Blvd
Ford St.
Adams Pl.
Creston Ave.
E 182th St.
Quarry Rd.
Oak Tree Pl.
E 181th St.
Anthony Ave.
E 180th St.
Lafontaine Ave.
0
200
400m

Balade à The Bronx

Longueur : 4,3 km
Durée : 2h à 2h30

Peu de touristes s'aventurent dans le Bronx pour voir autre chose que le Yankee Stadium, le zoo ou le jardin botanique. L'image désastreuse héritée des années 1970-1980 colle encore au nom de ce *borough* qui a pourtant tellement à offrir et dont la réalité est si éloignée des clichés véhiculés par la culture populaire. Saviez-vous par exemple que le plus authentique quartier italien de New York ne se situe pas dans Lower Manhattan mais au cœur du Bronx ? Je vous propose justement une immersion dans cette enclave que l'on appelle communément "Little Italy in The Bronx", ainsi que dans les quartiers de Fordham Heights et Belmont. Cette balade ne devra pas se borner aux seuls points d'intérêt de la carte (lesquels sont forcément en nombre limité) : ne vous interdisez pas d'entrer dans tel ou tel commerce ou de faire un petit crochet par tel ou tel endroit si l'ambiance ou l'humeur du moment vous y invite… Une chose est sure : vous ne verrez jamais plus le Bronx de la même façon !

DÉPART - Station Fordham Rd (ligne B-D)

1 Loew's Paradise Theatre
Cinéma des années 1930 transformé en salle de spectacle (The Paradise Theater), avant d'être cédé, en 2012, à un groupe religieux (World Changers Church). Classé monument historique de la ville.

2 FDNY Engine 48 / Ladder 56 / Div. 7
Une caserne des pompiers de New York. Par chance, vous apercevrez peut-être l'un de leurs fameux camions !

3 Bronx Church of God Seventh Day
Église sabbatiste (messe le samedi à 12h30, gospel le 1er et 3e dimanche du mois à 19h).

4 Casa Della Mozzarella
Cette enseigne prépare (dans sa minuscule cuisine) l'une des meilleures mozzas de New York !

5 Arthur Avenue Retail Market
Superbe marché couvert italien, ouvert du lundi au samedi de 8h à 18h et le dimanche de 10h à 18h.

6 Roberto's Restaurant
Le resto du chef Roberto Paciullo est considéré par certains critiques comme la "meilleure table italienne de New York" ! N'hésitez pas à y manger, si l'heure vous le permet.

7 DeLillo Pastry Shop
Cette pâtisserie italienne propose les mêmes desserts depuis 1925, ce qui en dit long sur son savoir-faire !

8 Borgatti's Ravioli & Egg Noodles
Trois générations de Borgatti se sont succédé depuis 1935 pour préparer et vendre ce qu'il convient d'appeler d'authentiques pâtes italiennes !

9 Artuso Pastry Shop
Une autre excellente pâtisserie italienne (mention spéciale pour leurs cannolis !).

10 Ciccarone Park
Charmant square et son aire de jeux créés en 1934 dans le cadre d'un projet visant à offrir plus d'espaces dédiés aux enfants.

11 Theodore Roosevelt Educational Campus
L'ancien collège Theodore Roosevelt High School a fermé en 2006. Il abrite désormais six petites écoles, mais sa jolie façade est inchangée.

12 Fordham University (campus de Rose Hill)
Sapientia et Doctrina (Sagesse et érudition), telle est la devise de cette université catholique privée fondée en 1841.

13 Party City
Découvrez une boutique spécialisée dans les déguisements et accessoires festifs que les New-Yorkais adorent.

14 Fordham Road
Une des principales artères commerciales du Bronx (vous avez dit shopping ?).

15 Jardin botanique de New York
Si vous avez le temps, je vous recommande d'y faire un tour en marge de cette balade…

ARRIVÉE - Station Fordham Rd (lignes B-D)

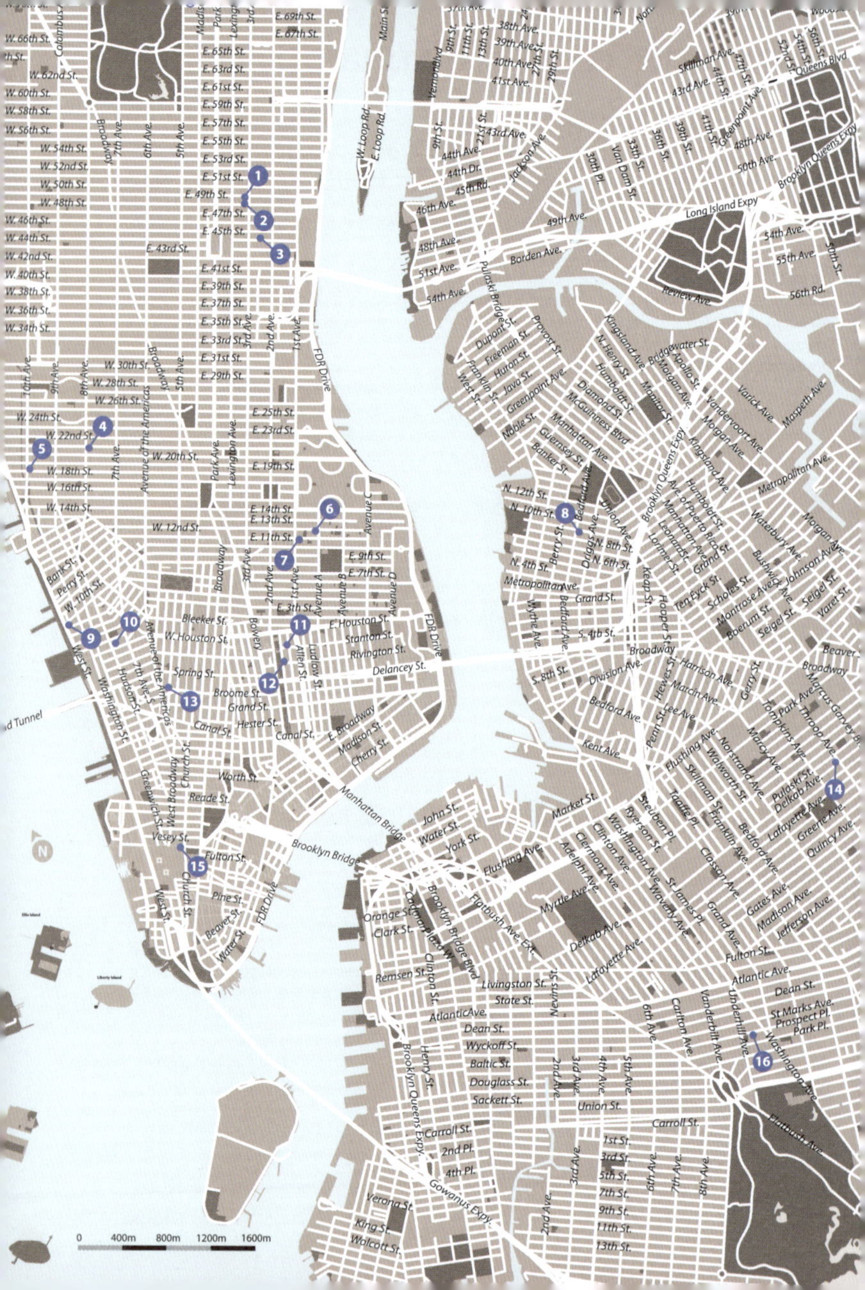

1
2
3
4
5
6
7
8
9
10
11
12
13
14
15
16
W. 66th St.
W. 62nd St.
W. 60th St.
W. 58th St.
W. 56th St.
W. 54th St.
W. 52nd St.
W. 50th St.
W. 48th St.
W. 46th St.
W. 44th St.
W. 42nd St.
W. 40th St.
W. 38th St.
W. 36th St.
W. 34th St.
Columbus
Broadway
7th Ave.
6th Ave.
5th Ave.
Park
Lexing
3rd
E. 69th St.
E. 67th St.
E. 65th St.
E. 63rd St.
E. 61st St.
E. 59th St.
E. 57th St.
E. 55th St.
E. 53rd St.
E. 51st St.
E. 49th St.
E. 47th St.
E. 45th St.
E. 43rd St.
E. 41st St.
E. 39th St.
E. 37th St.
E. 35th St.
E. 33rd St.
E. 31st St.
E. 29th St.
3rd Ave.
2nd Ave.
1st Ave.
FDR Drive
Main St.
W. Loop Rd.
E. Loop Rd.
10th Ave.
9th Ave.
8th Ave.
W. 30th St.
W. 28th St.
W. 26th St.
W. 24th St.
W. 22nd St.
W. 20th St.
W. 18th St.
W. 16th St.
W. 14th St.
W. 12th St.
Avenue of the Americas
Broadway
5th Ave.
Park Ave.
Lexington Ave.
E. 25th St.
E. 23rd St.
E. 19th St.
E. 14th St.
E. 13th St.
E. 11th St.
E. 9th St.
E. 7th St.
E. 3th St.
E. Houston St.
Avenue C
Avenue A
Avenue B
Avenue D
Broadway
3rd Ave.
2nd Ave.
1st Ave.
Bank St.
Perry St.
W. 10th St.
Bleeker St.
W. Houston St.
Bowery
Stanton St.
Rivington St.
Delancey St.
Allen St.
Ludlow St.
FDR Drive
West St.
Washington St.
Hudson St.
7th Ave. S.
Avenue of the Americas
Spring St.
Broome St.
Grand St.
Hester St.
Canal St.
Canal St.
E. Broadway
Madison St.
Cherry St.
Tunnel
Washington St.
Greenwich St.
West Broadway
Church St.
Worth St.
Reade St.
Vesey St.
Fulton St.
West St.
Church St.
Pine St.
Beaver St.
Water St.
FDR Drive
Manhattan Bridge
Brooklyn Bridge
N
Ellis Island
Liberty Island
0
400m
800m
1200m
1600m
Vernon Blvd
9th St.
11th St.
13th St.
38th Ave.
39th Ave.
40th Ave.
41st Ave.
27th St.
29th St.
43rd Ave.
21st St.
44th Ave.
44th Dr.
45th Rd.
Jackson Ave.
46th Ave.
48th Ave.
51st Ave.
54th Ave.
Borden Ave.
49th Ave.
Pulaski Bridge
Skillman Ave.
43rd Ave.
44th St.
47th St.
52nd St.
54th St.
56th St.
Queens Blvd
41st St.
39th St.
36th St.
33rd St.
Van Dam St.
30th Pl.
Greenpoint Ave.
48th Ave.
50th Ave.
Brooklyn Queens Expy
Long Island Expy
54th Ave.
55th Ave.
56th Rd.
Review Ave.
58th St.
Dupont St.
Freeman St.
Huron St.
Java St.
Franklin St.
West St.
Provost St.
Greenpoint Ave.
Noble St.
Kingsland Ave.
N. Henry St.
Humboldt St.
Diamond St.
McGuinness Blvd
Bridgewater St.
Apollo St.
Morgan Ave.
Monitor St.
Manhattan Ave.
Guernsey St.
Banker St.
Bedford Ave.
Vandervoort Ave.
Morgan Ave.
Varick Ave.
Maspeth Ave.
Kingsland Ave.
Metropolitan Ave.
N. 12th St.
N. 10th St.
Driggs Ave.
Union Ave.
N. 8th St.
N. 6th St.
N. 4th St.
Berry St.
Metropolitan Ave.
Brooklyn Queens Expy
Humboldt St.
Av. of Puerto Rico
Manhattan Ave.
Leonard St.
Lorimer St.
Grand St.
Waterbury Ave.
Morgan Ave.
Bushwick Ave.
Johnson Ave.
Scholes St.
Ten Eyck St.
Montrose Ave.
Boerum St.
Seigel St.
Seigel St.
Varet St.
Grand St.
Bedford Ave.
Wythe Ave.
S. 4th St.
Keap St.
Hooper St.
Broadway
Beaver
Broadway
S. 8th St.
Division Ave.
Harrison Ave.
Marcin Ave.
Hewes St.
Lee Ave.
Penn St.
Bedford Ave.
Gerry St.
Park Ave.
Marcus Garvey Bl.
Throop Ave.
Tompkins Ave.
Marcy Ave.
Kent Ave.
Flushing Ave.
Walworth St.
Nostrand Ave.
Skillman St.
Pulaski St.
Delkab Ave.
Lafayette Ave.
Greene Ave.
Quincy Ave.
Market St.
Steuben Pl.
Ryerson St.
Washington Ave.
Clinton Ave.
Clermont Ave.
Adelphi Ave.
Taaffe Pl.
Franklin Ave.
Bedford Ave.
Classon Ave.
John St.
Water St.
York St.
Flushing Ave.
Myrtle Ave.
Waverly Ave.
St James Pl.
Grand Ave.
Gates Ave.
Madison Ave.
Jefferson Ave.
Orange St.
Clark St.
Cadman Plaza W.
Brooklyn Bridge Blvd
Flatbush Ave. Ext.
Delkab Ave.
Lafayette Ave.
Fulton St.
Atlantic Ave.
Dean St.
St Marks Ave.
Prospect Pl.
Park Pl.
Remsen St.
Clinton St.
Livingston St.
State St.
Nevins St.
AtlanticAve.
Dean St.
Wyckoff St.
Baltic St.
Douglass St.
Sackett St.
Henry St.
Brooklyn Queens Expy.
2nd Ave.
3rd Ave.
4th Ave.
5th Ave.
6th Ave.
Carlton Ave.
Vanderbilt Ave.
Underhill Ave.
Washington Ave.
Union St.
Carroll St.
Carroll St.
2nd Pl.
4th Pl.
1st St.
3rd St.
5th St.
7th St.
9th St.
11th St.
13th St.
3rd Ave.
6th Ave.
7th Ave.
8th Ave.
Flatbush Ave.
Gowanus Expy.
2nd Ave.
Verona St.
King St.
Wolcott St.

Où voir des œuvres d'Eduardo Kobra à New York ?

Étant fan de *street art*, je n'ai pas résisté à l'envie de vous faire découvrir l'univers de l'un de mes artistes préférés : Edouardo Kobra. Pourquoi lui ? Tout simplement parce que son travail est magnifique, mais aussi parce qu'il est particulièrement bien représenté à New York. En effet, je vous propose de voir pas moins de16 fresques de l'artiste brésilien, dont 14 ont été réalisées entre aout et octobre 2018, dans les quartiers de Manhattan et Brooklyn.

Né en 1976 dans un quartier pauvre de São Paulo, Kobra se passionne dès son plus jeune âge pour le dessin et ne tarde pas à l'exprimer dans la rue, sous l'influence de la culture du hip-hop et des graffitis. Autodidacte, son style est aujourd'hui immédiatement reconnaissable : d'immenses reproductions de portraits au rendu photoréaliste (de personnalités comme Salvador Dalí, David Bowie, Jean-Michel Basquiat… mais aussi de simples citoyens) noyées dans de sublimes kaléidoscopes géométriques, à dominantes rouge, jaune et bleue.
Saisissantes de réalisme, colorées et vibrantes, les œuvres de Kobra ne laissent personne indifférent, d'autant plus qu'elles sont souvent porteuses de messages engagés, aussi bien sur des thèmes universels comme l'écologie ou la société de consommation, que sur des questions en rapport avec l'histoire locale.

1 ***The Braves of 9/11***
Date de création : septembre 2018
Adresse : 780 Third Avenue, New York

2 ***Genius is to bike ride***
Date de création : septembre 2018
Adresse : 780 Third Avenue, New York

3 ***PEACE***
Date de création : aout 2018
Adresse : 225 E 44th Street, New York

4 ***We Love NY2***
Date de création : octobre 2018
Adresse : 298-200 W 21st Street, New York

5 ***Tolerance***
Date de création : aout 2018
Adresse : 130 10th Avenue, New York

6 ***RUN DMC***
Date de création : octobre 2018
Adresse : 444 E 12th Street, New York

7 ***Black or White***
Date de création : aout 2018
Adresse : 400 E 11th Street, New York

8 ***Fight for Street Art***
Date de création : octobre 2014
Adresse : 147 Bedford Avenue, Brooklyn

9 ***Stop Wars***
Date de création : octobre 2018
Adresse : 391 Christopher Street, New York

10 ***Ellis / Imigrantes***
Date de création : novembre 2018
Adresse : 250 W Houston Street, New York

11 ***Stop Guns***
Date de création : aout 2018
Adresse : 231 Eldridge Street, New York

12 ***The 27 Club***
Date de création : octobre 2018
Adresse : 46 Rivington Street, New York

13 ***Colors of Liberty***
Date de création : octobre 2018
Adresse : 49 Thompson Street, New York

14 ***Cristo***
Date de création : septembre 2018
Adresse : 833 Dekalb Avenue, Brooklyn

15 ***Welcome to the WTC***
Date de création : octobre 2021
Adresse : 400 Church Street, New York

16 ***Frida & Diego***
Date de création : aout 2018
Adresse : 360 Prospect Place, Brooklyn

Votre carnet de voyage

Vos suggestions de bons plans

Si vous avez un ou plusieurs coups de cœur pour des adresses ou des activités qui selon vous pourraient faire l'objet d'un article sur le blog **bons-plans-voyage-new-york.com** et/ou mériteraient de figurer dans ce guide, n'hésitez pas à m'en faire part.
Je vous encourage plus généralement à partager vos découvertes avec les autres French Yorkers via les commentaires du blog, sur le forum et les réseaux sociaux…

BON PLAN N° 1 ....

BON PLAN N° 2 ....

BON PLAN N° 3 ....

Notez vos bons plans puis postez-les en utilisant le formulaire suivant : **go-ny.fr/feedback**

Vos suggestions d'amélioration

Plusieurs changements appliqués à la présente édition (et pas des moindres !) sont issus de remarques ou de demandes que vous m'avez fait parvenir en répondant à une enquête de satisfaction ou en remplissant le formulaire ci-après. C'est donc ici que la dimension communautaire du guide prend tout son sens, et c'est en poursuivant dans cette voie que *GO NEW YORK* deviendra plus que jamais VOTRE guide !

IDÉE N° 1 ....

IDÉE N° 2 ....

IDÉE N° 3 ....

Notez vos idées puis postez-les en utilisant le formulaire suivant : **go-ny.fr/boite-a-idees**

J'accorderai la plus grande importance à chacune de vos suggestions et m'en servirai pour que les futures éditions du guide continuent de répondre aux attentes du plus grand nombre !

Glossaire

ATM : Distributeur automatique de billets.

Borough : Quartier.

Cast-iron (buildings) : Se dit des immeubles construits à base de fonte durant la révolution industrielle, souvent pourvus de balcons et d'escaliers extérieurs en fer forgé.

Ce style, rendu célèbre par la comédie musicale *West Side Story*, est une des marques distinctives du quartier de SoHo.

Convenience store : Supérette où l'on trouve toutes sortes de produits de consommation courante, y compris des médicaments.

Diner : Restaurant typiquement américain et généralement bon marché, le *diner* se distingue par son décor dérivé du wagon-restaurant, avec un long comptoir, des revêtements en acier inoxydable, de petites banquettes…

La série TV *Happy Days* est une bonne illustration de ce que pouvait être un *diner* dans les années 1950.

New York compte encore quelques *diners* authentiques et vieux de plusieurs dizaines d'années, tel que *Lexington Candy Shop* (cf. carte F).

En France, des chaines de restauration comme Ed Wood Café ou HD Diner ont repris les codes du *diner* américain pour séduire un public jeune et/ou familial.

Fast tracks : Files d'attente rapides (dans les musées, les attractions…) réservées aux porteurs de pass, comme le New York CityPASS ou le New York Pass.

Goodies : Produits dérivés, souvenirs (porteclés, mugs, badges, teeshirts…).

Gratuity/Tip : Pourboire.

Hipster : Étiquette et mode de vie caractérisant une frange bobo de la jeunesse new-yorkaise que l'on trouve dans de nombreux quartiers de Brooklyn comme Williamsburg, et du côté d'East Village, à Manhattan.

Les *hipsters* ont en commun de vouloir s'inscrire à contrecourant des modes et de revendiquer un esprit vintage, tourné vers le *slow movement*.

Chemise à carreaux, barbe et tatouages sont quelques-uns des stéréotypes vestimentaires qu'on leur prête généralement.

Hop-On Hop-Off : Nom donné aux bus à impériale qui permettent de visiter la ville équipé d'un audioguide.

Vous avez la possibilité de monter et de descendre du bus autant de fois que vous le souhaitez durant la période de validité de vos billets, d'où leur nom de *Hop-On Hop-Off*.

Liquor store : Commerce spécialisé dans la vente de boissons alcoolisées.

À New York, on ne trouve pas d'alcool dans les supérettes. Il faut se rendre dans un *liquor store* pour en acheter.

Pier : Jetée. Il en existe un grand nombre à New York. Certaines servent d'embarcadères, d'autres sont aménagées en espaces de détente et de loisirs. La ville de New York n'a pas ménagé ses efforts pour développer ces dernières depuis le début des années 2000.

Sur les rives de Brooklyn ou du New Jersey, les *piers* offrent généralement une vue panoramique sur Manhattan.

Rooftop : *Rooftop* signifie "toit". On appelle *rooftop bar* un bar situé sur le toit-terrasse d'un immeuble.

On trouve aussi des potagers sur le toit de certains immeubles. On parle alors de *rooftop farms*.

Speakeasy : Les *speakeasies* sont des bars clandestins nés à l'époque de la prohibition (années 1920), lorsque la vente d'alcool était interdite.

Plusieurs *speakeasies* sont toujours en activité à New York ; on y accède la plupart du temps par une porte dérobée à l'arrière d'une boutique ou d'un restaurant, ou par des passages plus improbables encore, comme la cabine téléphonique située dans un petit restaurant de hotdogs qui permet d'entrer dans le *speakeasy Please Don't Tell*! (cf. carte C)

Shuttle : Navette partagée permettant de faire le transfert entre l'aéroport et son logement dans New York.

Skyline : Nom donné à la silhouette des gratte-ciels de Manhattan.

Slow Movement (*slow food, slow cities…*) : Mouvement prônant un ralentissement du rythme de la vie et un plus grand respect de l'environnement, axé notamment sur une baisse maximale de l'empreinte carbone.

Citons la branche du *slow food*, très en vogue à New York, qui oppose à la "malbouffe" les bienfaits d'une cuisine saine et responsable, faite avec des produits de saison issus de producteurs locaux…

Soul food : Littéralement "la nourriture de l'âme". La *soul food* se rapporte à la cuisine traditionnelle afro-américaine du sud des États-Unis.

On trouve de nombreux *soul food* restaurants dans Harlem, le quartier historique de la population noire de New York.

Uptown/Downtown : Directions à suivre dans le métro, selon qu'on se dirige vers le haut de la ville (*uptown*) ou vers le bas (*downtown*).

Visitor Center : Point d'informations pour les touristes.

Index

Légende :

- ●/■ Musées, monuments …
- ●/■ Restos, bars…
- ●/■ Shopping
- ● Pâtisseries
- ● Loisirs
- ● Hotspots photo

I ❤ Bons Plans Voyage New York

Je vous propose un moyen sympa de faire un clin d'œil à la communauté de Bons Plans Voyage New York ! Le principe est on ne peut plus simple : faites-vous tirer le portrait quelque part à New York en arborant l'affiche "I ❤ Bons Plans Voyage New York" (cf. page suivante) et transmettez-moi la photo afin que je la poste sur le blog, voire dans une prochaine édition du guide !

American Girl
I ♥ Bons Plans Voyage New York

I

Bons Pla

New